子どもがいても、働いていても、ズボラでもできる

忙しい人のための 家事をラクにする収納

整理収納アドバイザー
梶ヶ谷陽子

X-Knowledge

家事の手間はミニマム。

子育て、仕事、家事に追われて、とにかく毎日があっという間に過ぎていきます。一日じゅう、息つく暇もなく、気がついたらもう夕方という日もたくさんありました。そんな日々を繰り返す中で「なんとか時間をうまくやりくりできないかな」といつも思っていました。

私にとって子どもと一緒に過ごす時間は、とてもかけがえのないものです。どんなに忙しくても、子育てをないがしろにすることはできません。仕事はお金をいただいてする責任のあることですから、これも手を抜くことはできません。そうなると、残るのは家事です。

もちろん、家族が気持ちよく過ごせるように家の事《こと》をするのは、とても大切なことです。だからこそ、どうにか効率よくラクに家事をこなす方法はないかと考えました。そんなとき、私が出会ったのが「整理収納」です。モノの置き場所やしまい方を少しだけ工夫することで、家事にかける手間も時間も節約できることを発見しました。

ここ数年、「ミニマリスト」という言葉を耳にしますが、私が目指しているのは、「モノ」を減らすことではなく「家事の手間」を減らすミニマリストです。整理収納を味方につけることで、家事の手間はどんどん減り、ズボラな私でも楽しく家事ができるようになりました。そして、家族との時間を大切にしたり、自分の時間を充実させることができるようになりました。

暮らしのゆとりはマキシマム。

わが家をご紹介します

わが家は1階にキッチン、リビング、ダイニング、和室、階段下収納、2階に寝室、子ども部屋、お風呂場があります。モノトーンの中に木のぬくもりをプラスして温かい空間に。

DATA
家族構成：夫、子ども（長女8歳、長男3歳）
間取り3LDK、築5年

長女が宿題をしたり、私が仕事をする場所でもあるので、3段シェルフにその道具を。

キッチンはできるだけモノを出さないようにして、
掃除のしやすさとスッキリ感を優先。

幸せの入口と呼ばれる玄関はモノを置かず、さわやかに人をお迎えします。

家具は必要最小限にして、子どもたちが遊べるスペースを確保しています。

子どもの年齢に合わせて、子どもが自分で出し入れできるように
収納を工夫しています。

毎日必ず使う歯磨きセットなどは、
しまい込まず出しっぱなし収納に。

家事をラクにするマイルール

MY RULE 1
〝適材適所〟で〝ついで〟家事をしやすく

「わざわざ掃除をする」のではなく、「ついでに掃除をする」方がラク。汚れに気づいたとき、掃除グッズがサッと手に取れるように、それぞれの場所に配置しておくと、とても便利です。掃除グッズの数は増えますが、そのおかげで、わざわざ取りに行く手間と時間を減らすことができます。〝ついで掃除〟にすれば、〝ガッツリ掃除〟も回避できます。

MY RULE 2
目が行き届く量しか持たない

毎日の暮らしの中で、本当に必要で使っているモノは案外少なかったりします。家が散らかるのは、あることすら忘れている、管理し切れないモノたちが、気づかないうちに家にたまっているのが原因。暮らしを快適にしてくれるモノと生活を圧迫しているモノを見極めて、家族が管理できるモノの量を知ることが、家事をラクにすることにつながります。

MY RULE 3

スタンバイ状態で余計な体力を使わない

料理をするとき、掃除をするとき、何かをどかす作業から始めると疲れてしまいます。忙しい毎日、余計な体力と時間は使いたくないものです。だからこそ、いつでも掃除できる、帰ったらすぐに料理が始められるような〝スタンバイ状態〟にしておくことが大切かなと思います。これなら、余計な体力も時間も使わずにすみます。

MY RULE 4

ラクするための道具は持つ

自分がラクするためのモノ、自分のモチベーションが上がるモノに関しては、「減らす必要はない」と思っています。「モノを減らして片づける」ことよりも、まずは「モノとのつき合い方を考える」方が、私には大切です。そうすることで、何を持ち、何を手放せば自分がラクになるのかが見えてきます。

MY RULE 5

家族が手伝いやすい仕組みをつくる

「家のことはお母さんが全部やる」ではなく、「家のことは家族みんなでやる」のがわが家のお約束。そのためには家族の動線を知り、誰がどこで何を必要としているかを知り、家族みんながわかりやすい収納にする必要がありました。子どもや夫の目線に立って、家事を手伝いやすい仕組みづくりをすることが、自分の家事をラクにすることにつながります。

CONTENTS

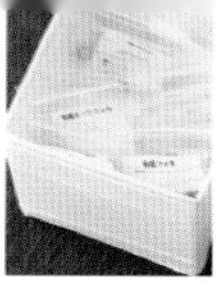

PART 1 家事の手間を減らすコツ

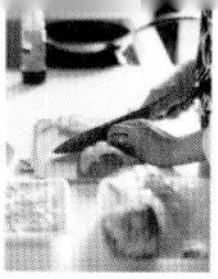

PART 2 台所仕事をラクにする収納

構成…村越克子
撮影…林ひろし、長谷川健太（P60）
デザイン…三木俊一（文京図案室）
イラスト…ヤマグチカヨ
本文DTP…古﨑健一（リングウッド社）
編集…別府美絹（エクスナレッジ）

PART 3
片づけを ラクにする収納

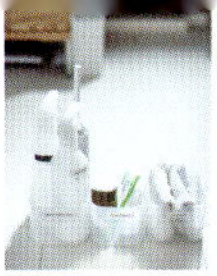

PART 4
掃除・洗濯を ラクにする収納

PART 5
考えなくてもいい 情報管理

PART 6
収納上手さんの お宅訪問

PART 1

家事の手間を減らすコツ

日々、家事、育児、仕事に追われる中で、

「どうしたら家事の手間が減るか」ということを考えるようになりました。

私にとってその強い味方が整理収納。「どんな収納なら出し入れがラク？」

「子どもが片づけられるようにするには？」

そんなことを日々考えながら、自宅の収納を見直しています。

ラク家事は動線が決め手

毎日、家事に追われる中で気がついたことがあります。それは「ムダな移動をなくすと、家事はグンとラクになる」ということでした。

たとえば、調理中に何度も冷蔵庫を開け閉めしたり、調理器具を取るために、あちこち移動する必要があるようでは、本当に疲れてしまいます。自分の動線に合わせてモノを配置し、出し入れしやすい収納の仕方にするだけで家事が時短でき、みるみるラクになります。

また「家族が片づけなくて困っている」というお宅に伺うと、大半が家族の行動動線とモノの収納場所が合っていません。ご主人は帰宅すると1階のリビングでカバンを置くのに、カバンの収納場所が2階の寝室だったり、お子さんはいつも1階のダイニングで勉強をするのに、勉強道具は2階の子ども部屋にしまうことになっていたり……。これでは、家族は片づけが面倒になり、出しっぱなしのモノを見るたびに自分も疲れた気持ちになってしまいます。「ちゃんと戻して！」「面倒くさいからいやだ！」というけんかの原因にも。家族の行動動線に合わせて収納をつくることが、みんなのイライラをなくして、家事をラクにするのです。

［家事動線とは……］

家事動線とは、家事に必要なモノを取るとき、
または家事をするために人が通る道筋（または経路）を言います。
わが家の洗濯動線を例にしてご紹介します。

効率の良い家事動線（洗濯の例）

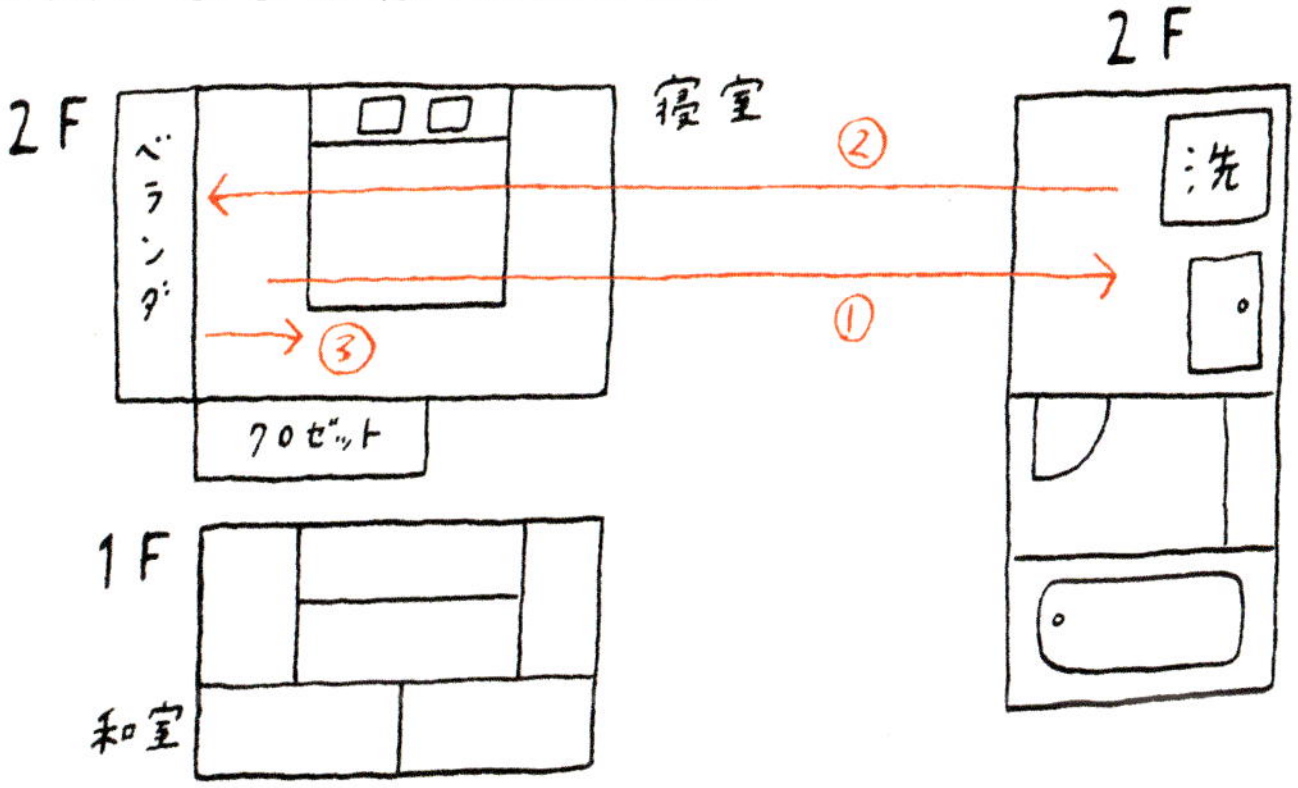

①洗濯カゴが置いてある寝室からスタート→洗濯機のある洗面所に移動→②ベランダに干しに行く→③アイロングッズを置いている寝室でアイロンがけをして、寝室のクロゼットに収納。移動は2Fだけ。

効率の悪い家事動線

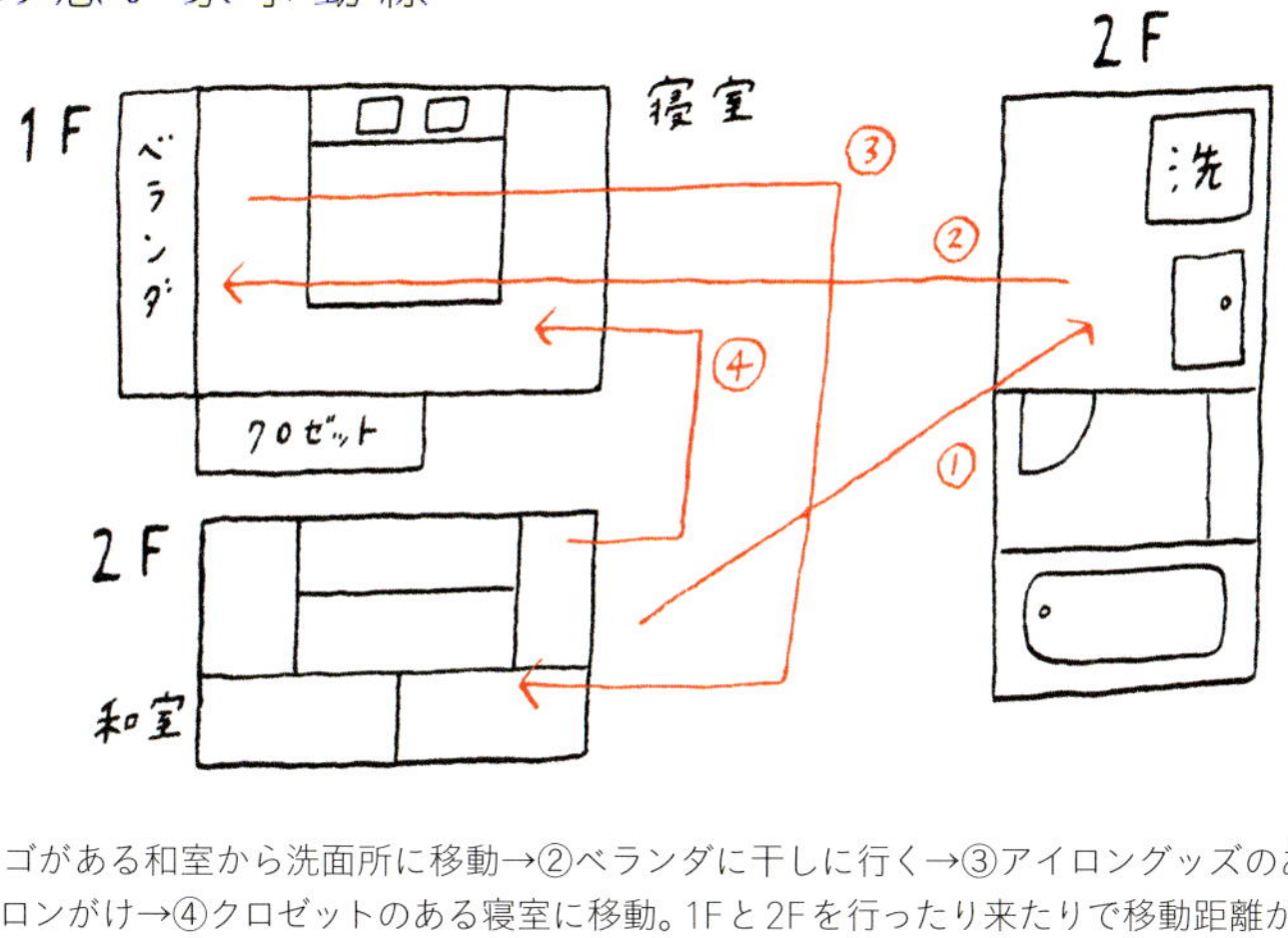

①洗濯カゴがある和室から洗面所に移動→②ベランダに干しに行く→③アイロングッズのある和室に移動→アイロンがけ→④クロゼットのある寝室に移動。1Fと2Fを行ったり来たりで移動距離が長い。

家事をグ～ンとラクにする“8割収納”

洗面所収納はケースで仕切って8割をキープ

スペースをケースで仕切って詰め込み防止。1ケース＝1アイテムというルールで戻る場所を明確に。元の位置に戻すのも簡単です。

わが家は、どの収納スペースも8割収納を心がけています。収納がパンパンだと、モノの出し入れがしにくい、モノが出しっぱなしになる、家の中が散らかる、探し物が増えるという負の連鎖が起ってしまうからです。

また、詰め込むとモノの管理が行き届かなくなり、存在を忘れてしまうモノが出てきます。結果、モノがムダになったり、ダブリ買いをしてお金のムダ使いになることも。

よく「収納スペースが空いていると、もったいない気がして、何か置かなきゃと思ってしまう」という方がいますが、「スペースのゆとりは心のゆとり」と考えると、モノで埋めようとする気持ちがなくなるのではないでしょうか。

[パッと見でわかる8割収納の目安]

食器棚は後ろの壁が見えること

食器を積み重ね過ぎると、下のモノを取るのが大変。また、奥にある食器が見えづらくなるので、次第に使わないように。後ろの壁が見えるくらいがわが家の適量です。

冷蔵庫は空きがあること

全部の棚に目いっぱいモノを置かずに、少なくともケース1つ分の空きスペースをつくります。急ないただきモノ、残り物を鍋ごと、来客用の飲み物などを入れることができて便利。

クロゼットはギュッと
寄せなくても服が取れること

クロゼットの8割収納の目安は、ハンガーがスムーズにスライドできること。ハンガーゾーンの下に引き出し式ケースを積み上げたときに、服の裾が折り重なってシワにならないように。

引き出しは全部のモノが
見渡せること

引き出しの利点は、引き出したときにすべてのモノが見えることにあります。モノを重ねると、下のモノが見えなくなるので、せっかくの引き出しの利点が損なわれることに。

手放しにくいモノを手放すときの見極め基準

「まだ使える」「いつか使うかも」と思って処分できないモノ、あるいは、存在すら忘れていたのになかなか捨てられないモノがあります。そういったモノに収納場所を占領されて生活を圧迫されているのは、ちょっともったいない。後ろめたい気持ちにならずに、ムリなく手放せる見極め基準をご紹介します。

靴

足が疲れる、靴ずれする、かかとがすり減っていても、「お金をかけて直す気にならない」と思う靴。今の自分の手持ちの服に合わないモノも。

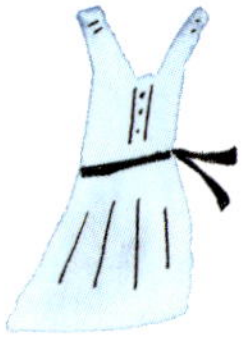

服

サイズアウトした服は潔く手放します。流行にのって買ったけど「今、この服を着て外出する気にはならない」と思う服もサヨナラを。

バッグ

型崩れしているモノ、しばらく置きっぱなしでカビが発生しているモノは処分。似たような大きさのバックは厳選して持つように。

アクセサリー

壊れていても直す気にならない、今の自分や手持ちの服に合わないと感じるモノ。片方だけしかないピアスなども、使われないままになりがち。

紙袋

買い物するたびに増える紙袋。「わが家の適量」を決めましょう。お気に入りの紙袋だけを残して、適量を維持するように心がけて。

調理器具・調理家電

管理が大変で使っていない、実際に使ってみると意外と不便なモノ、料理する気にならないほど劣化している、壊れているモノは迷わず処分。

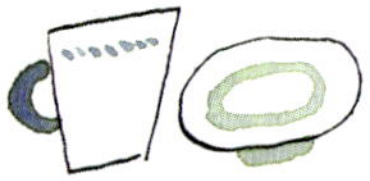

食器

色素沈着している、ニオイが取れない、欠けている、1年使っていない食器。ペアモノで片方しか残っていない食器も手放して。

本・雑誌

情報は常にアップデートしているので、情報系のモノは迷わず処分。雑誌はお気に入りのページだけをファイリングしてコンパクトに保存。

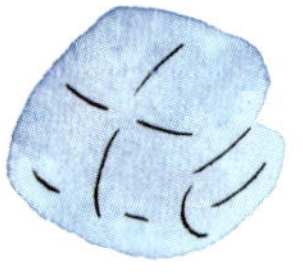

寝具

来客用布団は半年に1回使う程度ならレンタルで十分。布団はしまいっぱなしだとカビの原因に。維持管理できる量だけを持ちましょう。

空き箱

「何のために残すのか」をよく考えて。使う目的のない空き箱を持ち続けることは、スペースのムダ使いになります。

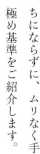

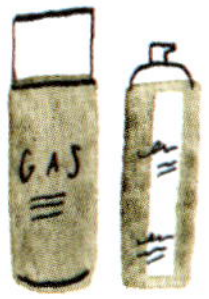

スプレー類

スプレー類は用途ごとに1本と決めましょう。使い切るまで時間がかかるものほど、「使い切るまで買い足さない」をルールに。

アメニティーグッズ

使う予定のあるモノだけを持つように。シャンプーなどは優先的に使い切ります。旅行用に取っておく場合は、存在を忘れない場所で管理。

メイク用品

一般的に、メイク用品の使用期限は未開封で約3年。開封後は酸化がすすむので、1年以上使っていないものは手放しましょう。

サンプル品

サンプル品はすぐ使うルールに。「いつか使う」と放置してしまうと、家じゅうがサンプル品だらけに。「タダ」のモノほど散らかる原因に。

教科書・ノート

子どもの思い入れの強い教科書やノートは、スペースを決めて、そこに入る分だけを保管。復習用に取っておくのは前年度のモノだけに。

ランドセル・幼稚園の制服など

ランドセルや制服をミニサイズにリメイクしてくれるサービスを利用するのもあり。残すなら、ホコリをかぶるような残し方にならないように。

おもちゃ

遊ぶスペース確保のために、子どもと一緒に見直しを。おもちゃ箱に入る分だけにして、「大好きなモノはどれ？」と子どもに選ばせるのが効果的。

子どもの作品

学期ごとに見直して、残すモノを厳選。手放すモノは子どもに持たせて写真に撮っておくのもいい方法です。データで残せば、コンパクトに保管できます。

独身時代の思い出

「箱1つ分だけ」をルールに。自分の思い出のモノで自宅や実家の収納を占領しないように。心の保管箱に移して。

手紙・年賀状

「この手紙に支えられている」と思うモノは残して。何の想いもなく、読み返すこともなく、ただ持っているだけではスペースのムダ使い。

旅行のお土産

1年以上放置しているいただき物は「ありがとう」と言って手放して。ホコリがかぶったまま忘れている方が手放すよりも失礼なことです。

写真

誰を写したのかわからない写真や、似たような写真は迷わず削除・処分。とっておきの写真だけを1年ごとにまとめてアルバムに。

モノを増やさないための暮らしのアイデア

せっかく手放しにくいモノを手放して、8割収納に少しずつ近づいてきたら、次は、家の中に入ってくるモノを吟味して、モノを増やさないようにするのが大事。この4つのアイデアを実践するだけで、モノが増えることに自然とブレーキがかかります。できることから試めして、効果を実感してみてください。

IDEA 1

ここに入るだけと決める

必要なモノでも、数を決めずに持ってしまえば、たちまち家の中はモノであふれてしまいます。わが家に合ったモノの数を知り「ここに入るだけしか持たない」というルールを。「いつか使うかも」「多ければ便利かも」と思いがちな紙袋、レジ袋、保存容器などに効果的。

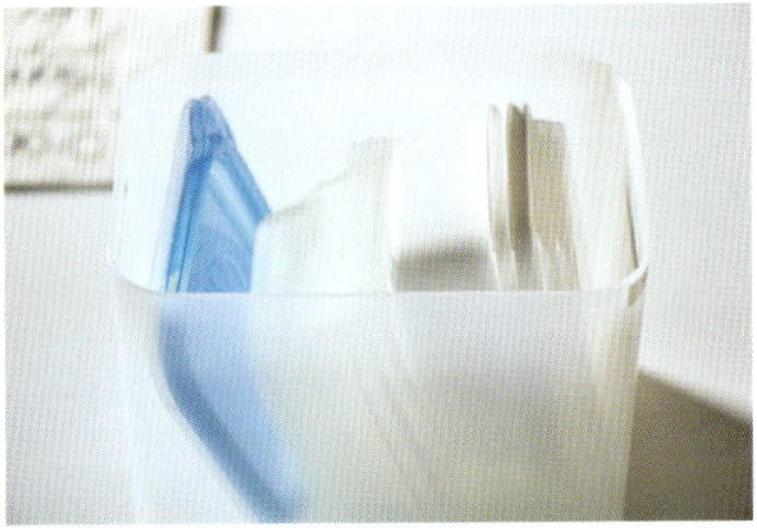

IDEA 2

定期的にモノと向き合う

収納からモノがあふれて出しっぱなしになっているのは、モノが生活を圧迫し始めているサイン。大変なことになる前に1つ1つ手に取って、「使っている・いない」の判断を。モノを購入する前や夏休み、長期休暇などを利用して、定期的に見直して一定数を保つことが大事。

IDEA 3

減らしてから増やす

「1つ増えたら1つ減らす」というのは簡単なようで難しいこと。手元にある状態だと「やっぱりまだ使える」「やっぱりまだ着られる」とモノを手放すことを躊躇しがちです。「減らしてから増やす」というルールは、モノが増えるのを防ぐ最もシンプルで効果的な方法。

IDEA 4

しまうモノに合わせた収納グッズを選ぶ

収納グッズや収納家具のサイズを大きくすれば、ムリなくスッキリ収まると思いがちですが、大きくした分、居住スペースは圧迫されます。しまうモノの大きさに合わせて、収納グッズをコンパクトにすることで、省スペースに収納でき、数も自然と制限されるはず。

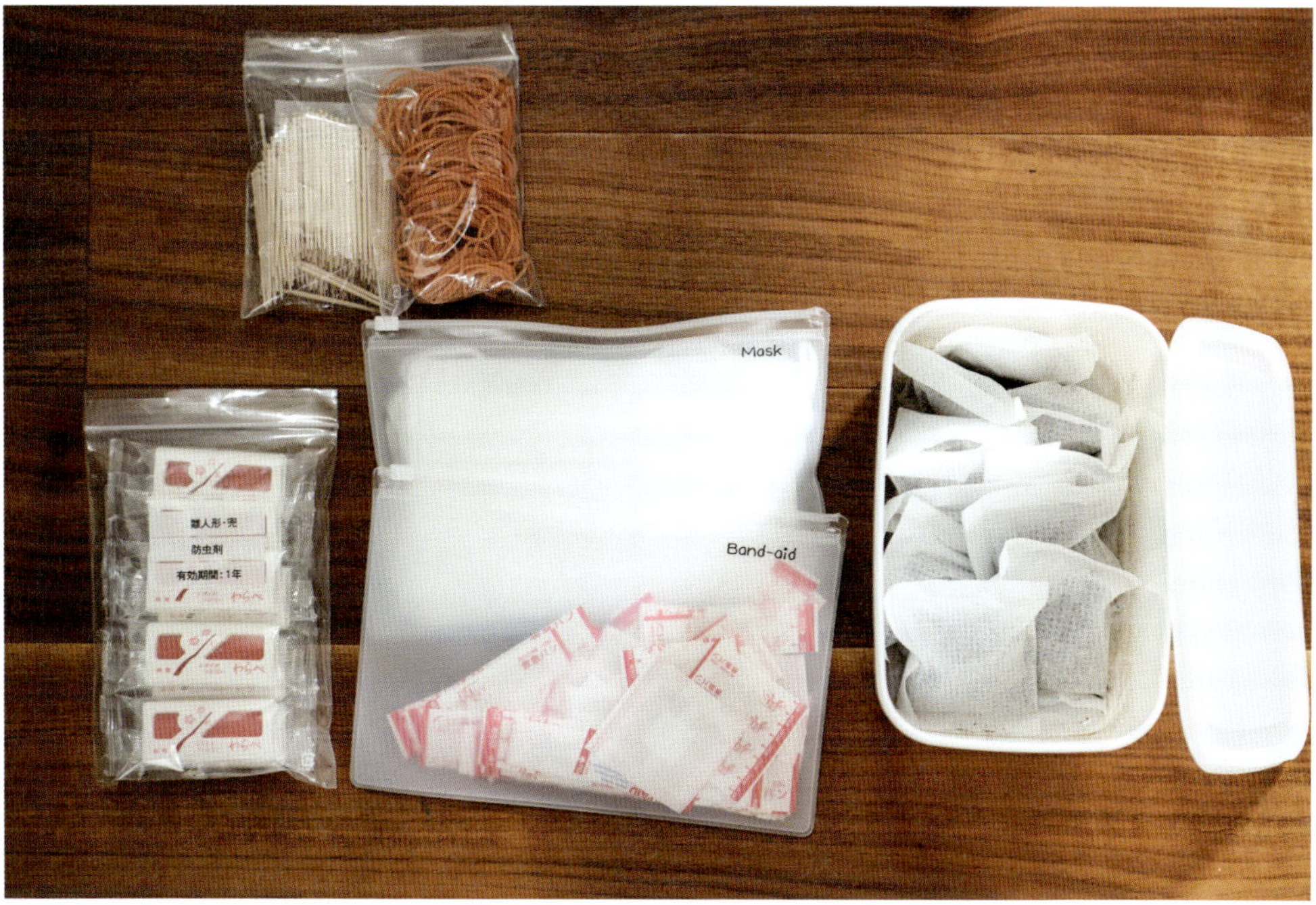

輪ゴム、つまようじ、防虫剤、マスク、ばんそうこう、麦茶など。中身が見えるモノの方が、在庫管理がラク。

箱や袋に入っているモノをそのまましまうのは簡単ですが、私は、買い物から帰った時点で、出してからしまいます。箱や袋を破棄した分、スペースの節約になり、使うときもサッと出せます。たとえば、ばんそうこうを出すとき、子どもは「箱から出す」という手間があるだけで、親を頼りがちに。出し入れしやすいケースなら自分でやってくれます。

パッケージから出して、本体だけを透明の袋や容器で保管すると、残量が一目瞭然。管理がしやすく、ダブリ買いが減ります。

パッケージから出さない例外は、子どもが手に取って欲しくないモノや、箱があることで、〝重ねる収納〟が可能になり、収納量がアップする場合だけです。

パッケージを捨てて中身だけなら省スペース

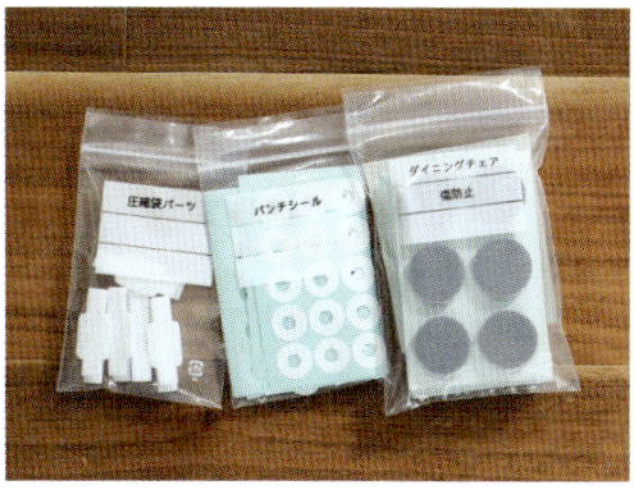

何でもラベリングで「あれ、どこ？」のイライラを解消

容器がおそろいでも間違わない

調味料類はおそろいの容器に詰め替えて、収納しやすく、見た目もスッキリさせたいのが私のこだわり。見た目が似ている容器でも、ラベリングすれば中身が一目瞭然です。

片づかない大きな原因に、「モノが戻るべき場所が決まっていない」ということがあげられます。ですが、モノを戻す場所を徹底的に決めても、片づかない場合があります。それは「どこに何を戻すべきか知っているのが自分だけ」という場合です。家族共有で使うモノは、その定位置を家族全員が知る必要があります。その最も有効な方法がラベリングです。

ラベリングのルールは、まず見やすいこと。文字の大きさや色を見やすいものにします。次に、家族みんなが読めること。英字はとてもおしゃれで見た目はいいですが、ラベリングの目的が「おしゃれ」になってはいけません。英字表示の場合は、中身がわかることや色分け表示をプラスするなどの工夫が必要です。

[とことんラベリング]

ケースの中身が一目瞭然

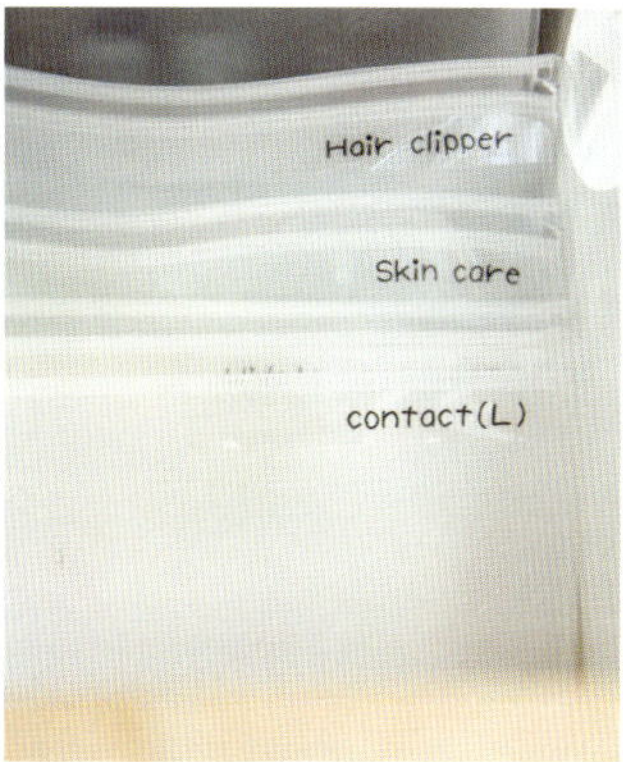

1アイテム＝1パックで

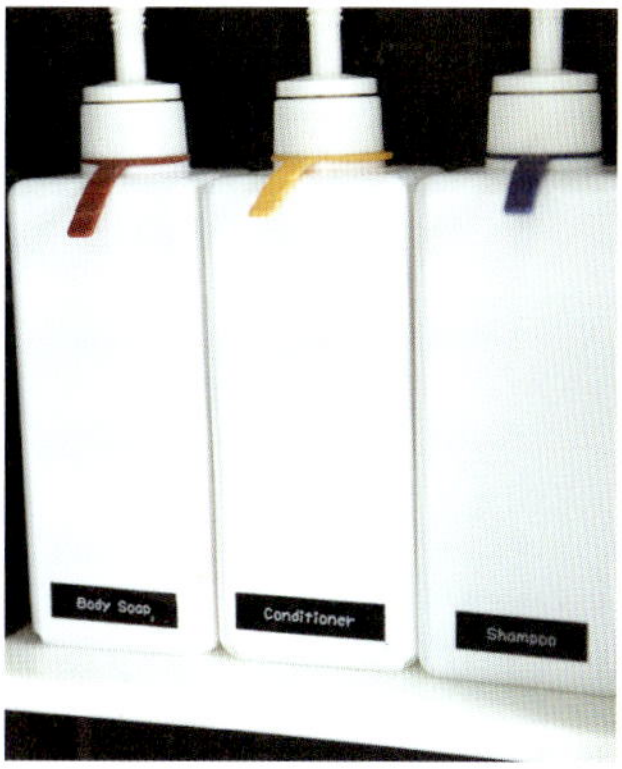

カラータグで子どもにわかりやすく

容器を詰め替えてからラベリング

ゴミの分別に迷わない

容器を統一したい洗剤類も

ラベルを貼りにくいカゴはタグで

子どものモノは“ひらがな”で

フタを開けなくても中身がわかる

細々したモノが迷子にならない

何から始めていいのかわからない人の タイプ別はじめの一歩

整理収納に悩んでいる方にお会いしたとき、「どこから手をつけたらいいのかわからない」とよく言われます。ですが、「ここからです！」と言い切ることは、私にはできません。整理収納の〝はじめの一歩〟は、人それぞれで違うからです。

まずは自分の生活パターンにムリのないことから、そして「自分のモノ」から始めましょう。家族の判断が必要なことは後まわしにして、自分のタイミングで計画できることからスタート。

そして、整理収納したことで得た、たくさんのいいことを、ご家族に見せて伝えてください。きっとそこから家族の中でいい連鎖が生まれます。

［自分のタイプに合ったことから ムリなく始めよう］

TYPE 1

長時間はムリ。毎日コツコツタイプ

子どもが小さかったり、自分自身の集中力が続かないという方は、引き出し1つ分、棚1段分から。まずは「使っていないモノ」を取り除きます。それだけでもモノは確実に減るはずです。最初は10分だけと決めて、その範囲内で1つずつすすめてみましょう。

TYPE 2

毎日やるのは面倒くさい。週末にガッツリタイプ

キッチン、リビング、クロゼットなど場所ごとに完結させます。注意したいのが、たとえばキッチンの片づけ中に、本来ならリビングに置くべきモノを見つけた場合、その場所へ戻しに行くのはNG。戻しに行った場所が気になり、手をつけがち。紙袋などに入れ、後でまとめて戻します。

TYPE 3

とにかく捨てるのが苦手なタイプ

最初に、「賞味期限切れ」「あきらかに使えない」モノを取り除きます。次に、使っていないモノを人に譲ったり、売ることを考えて。「整理収納＝捨てる」ことではありません。モノを生かす手放し方が身につけば、今までとは違った気持ちで整理収納がすすめられるはずです。

TYPE 4

家族の協力がないと片づかないタイプ

まずは家族がよく使うモノや場所の整理収納から始めて、家族に「スッキリすると気持ちいい」「モノがすぐに出し入れできるのは便利」と感じてもらいましょう。家族の協力を必要とするケースほど、家族に整理収納のメリットを知ってもらうことが大事です。

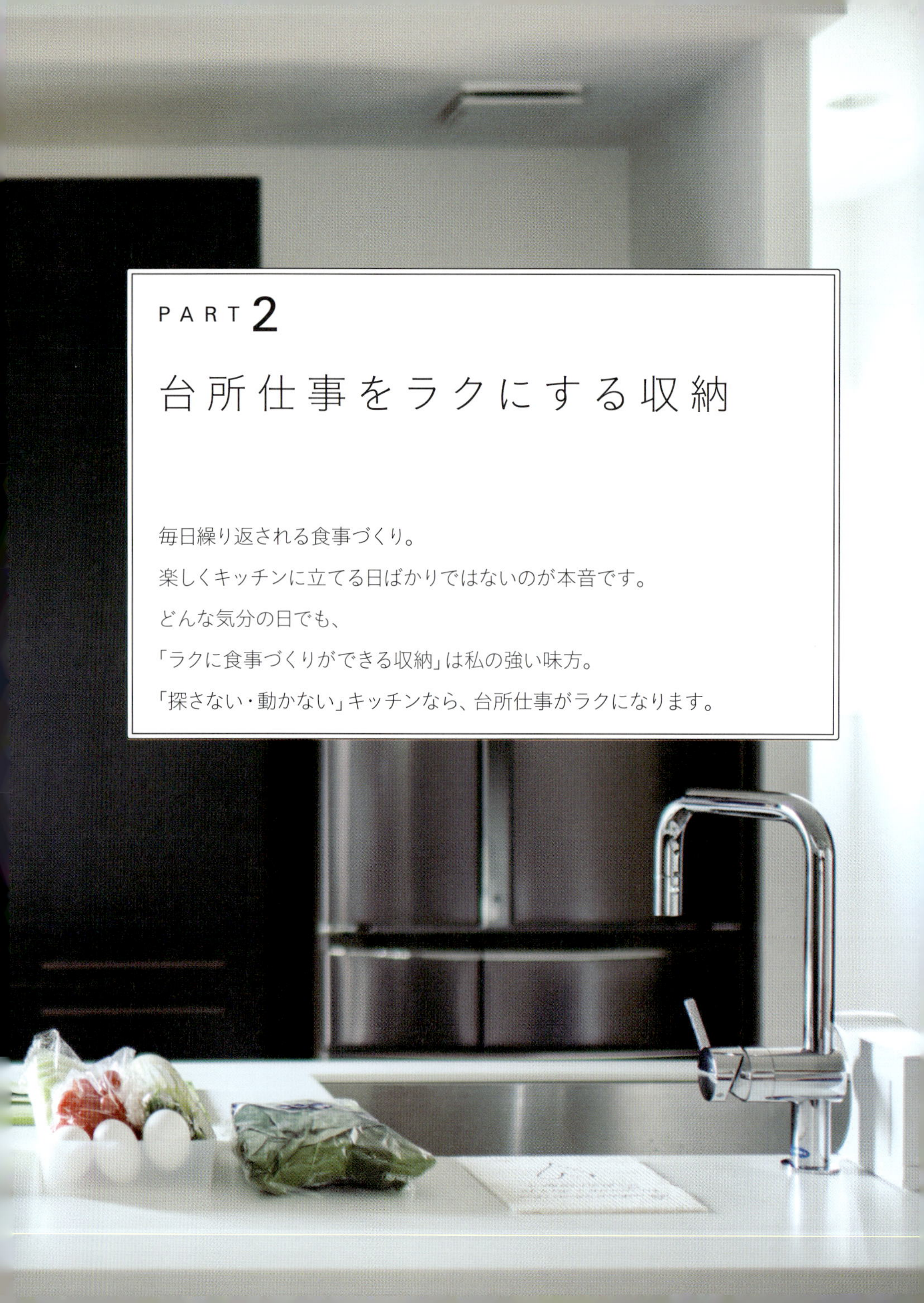

PART 2

台所仕事をラクにする収納

毎日繰り返される食事づくり。
楽しくキッチンに立てる日ばかりではないのが本音です。
どんな気分の日でも、
「ラクに食事づくりができる収納」は私の強い味方。
「探さない・動かない」キッチンなら、台所仕事がラクになります。

私の毎日のラクラク台所仕事

冷蔵庫を開けるのは1回だけ

野菜室に空のカゴを入れておき、そのカゴに野菜室→冷蔵室の順番で、その日の夕食に使う食材を入れていきます。必要な食材は1度に取り出して、冷蔵庫を何度も開け閉めしません。

調理中に歩くのは1.5歩以内

水まわりで使うモノはシンク下、火と一緒に使うモノはコンロまわりと、使う場所の近くに収納。ムダな動きがないから手間も時間も最小限です。

よく使う食器は目線から腰の高さに

手を伸ばすだけでモノが取れる高さは、食器棚の中の"特等席"。よく使う食器をしまうと、食器棚の使い勝手がよくなります。

火と一緒に使う道具はコンロ下

フライパンや鍋など、コンロで使うモノはコンロ下に収納。左手で引き出しを開け、右手で取り出せばいいので、流れるような動きでラクです。

調味料はコンロ下が定位置

以前は調味料を食器棚に入れていましたが、調理中にわざわざ振り返ることを面倒に感じたのでコンロ下に移動。ムダな動きがなくなりました。

動きミニマムのキッチン収納

毎日使うモノはサッと取れる位置

コンロ横の壁によく使うキッチンツールを“吊るす収納”。フライパンの取っ手を持ちながら、1歩も移動せずに片手でサッと取れます。

ミトンはトースターの近くに

ミトンを使うのはトースターやレンジで加熱した料理を取り出すときなので、その近くに収納。扉裏にフックをつけて引っかけています。

① 段目

よく使うモノを最上段に

ここは調理中に一番開け閉めしやすい場所。毎日使う包丁やトング、菜箸などを収納すると、立ったまま引き出しを開ければ取れるので、振り返ったり、かがんだりというムダな動きをしなくてすみます。

[コンロ下は徹底的に仕切る]

② 段目

1ボックス＝1アイテムが基本

奥行きも幅もある引き出しは、1ボックス＝1アイテムで仕切って定位置を確保。何がどこにあるのか、一目瞭然なので探す手間がなく、しまうときにも迷いません。ゴチャつきもなし。

③ 段目

「立てる収納」で立ったまま取り出せる

フライパンや鍋ブタは立てて収納。重ねると上のモノをどかす手間がかかりますが、立ててあれば、かがまずサッと取れるのでラク。仕切りスタンドを利用しています。

台所仕事をラクにする決め手は、調理中の動きをミニマム＝最小限にすることにあります。そうするには、よく使う調理器具や調味料などを、ラクに出し入れできるようにすることが必要です。たとえば、手を伸ばすだけで取れる〝吊るす収納〟や、モノを重ねずサッと取れる〝立てる収納〟にすれば、かがんだり、同じ動作を何度も繰り返さずにすみます。また使う場所の近くに収納すると、調理中の移動が最短になります。

モノの「配置」と「しまい方」が工夫されたキッチン収納なら、毎日の食事づくりがラクになるはずです。

出しっぱなしのモノがないから掃除もラク^2

キッチンで使用するモノは、すべて引き出しや棚に収納して、出しっぱなしにしないように心がけています。その理由は2つあります。

1つめは、「日々の掃除をラクにしたい」から。掃除を始める前に何かをどかしたり、しまったりすると、それだけで気持ちが疲れてしまいます。私はとても面倒くさがりで、「この日が掃除の日！」と決めるのが苦手です。油汚れは時間が経つと落ちにくくなり、掃除にかける時間を増やすことになるので、汚れに気づいたときにサッとやってしまうのが、私に合った掃除法。思い立ったときに「すぐ掃除に取りかかれる空間」であることが、私にとっては重要です。

2つめは、何も出ていないと見た目も、気持ちもスッキリして、調理がはか

からです。

洗剤＆スポンジはシンクの中

洗剤容器とスポンジ置きが一体のグッズを使用。シンクの中に置けば、ダイニング側からは見えません。オープンキッチンは見た目のスッキリ感もポイント。

調味料はコンロ下の引き出しに

コンロ横に調味料ラックを置くと、油の飛びはねでベタつきがち。掃除するときも、わざわざどかす手間がかかります。引き出しに入れて掃除をラクに。

[コンロ＆シンクまわりをスッキリさせる収納]

キッチンペーパーは“ティッシュ式”で

ロール式だと吊るしたり、引っかけることになりますが、わが家のキッチンは吊戸棚がないので不向き。ティッシュ式をコンロ下の引き出しに入れています。

引き出しに入るコンパクトなまな板

肉、魚、野菜と用途ごと使い分けできるまな板を使用。調理中に洗う手間がないのでラク。収納ケースに入っているので、ゴチャつきません。

手入れが大変なモノは最初から持たない主義

モノを買うときは、どんな小さなモノでも、よく考えてから買うようにしています。なぜなら、一見、便利そうに見えても、実際に使ってみると、そうでもなかったり、むしろ不便なこともあるからです。特に、台所仕事で使うモノについてはよく考えるようにしています。1日の家事時間のうち、おそらく一番長い時間をかけているからです。

私が、買うのをためらうのは、手入れが大変なモノ。こまめに洗ったり、乾かしたりしないと衛生面が気になるモノは、便利などころか、ストレスの原因にもなってしまいます。そういうモノは持たずに、家にあるモノで代用したり、同じ用途のグッズでも、手入れがラクなモノを探すようにしています。

水切りカゴ

細かい部分を洗うのに手間がかかり、油断するとヌメリがち。小さなサイズの水切りマットなら、簡単に丸洗いできて乾きも早い。

[こんなモノはなしでもOK]

洗い桶

シンクの中に置きっぱなしになりがちな洗い桶は、衛生面が気になります。野菜を洗うときはボウルで代用すればOK。

三角コーナー

三角コーナーを清潔に保つのは手間がかかるし、シンクで場所もとります。1回の調理でビニール袋を1枚使用し、そのままゴミ箱に捨てればニオイも防げます。

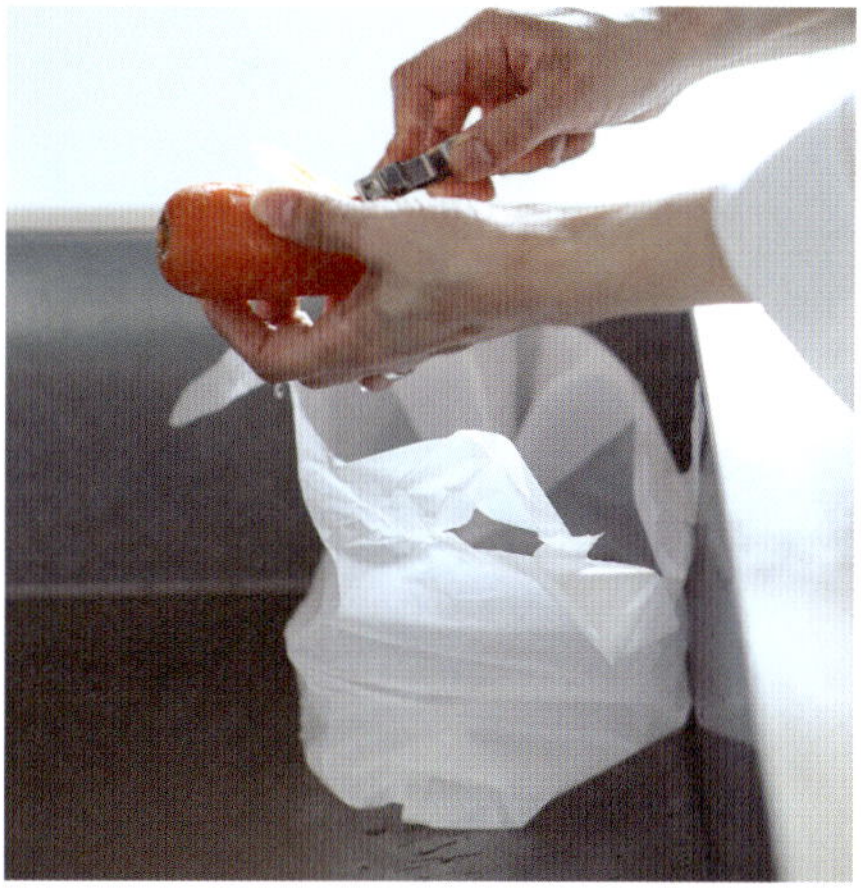

ふきん

布製のふきんではなく、速乾性のあるキッチンワイプを使用。キッチンハイターで漂白したり、煮洗いしなくても衛生的。約1カ月おきに交換。

食器棚は“よく使うモノ”と“たまにしか使わないモノ”を同居させない

まずは食器の使用頻度を見極める

★★★…ほぼ毎日使う
★★…たまに使う
★…イベント用と備蓄品

一番出し入れしやすい場所に、よく使うモノを集中させておくことで、食器棚内のあちこちから取り出す手間がなくなります。取り出しやすさだけではなく、片づけやすさも「ラク家事」のポイント。毎日使う食器を1カ所に集中させれば、戻すときもそこだけに戻せばいいので迷うこともありません。

わが家は来客が少ない方ですが、家族用としっかり分けておくことで、急な来客時も慌てることなく対応できます。

食器棚の中で、もっとも出し入れしにくい場所。お菓子づくりセットやお弁当セットなど、年に数回しか使わないアイテムを。

来客用のカトラリーを収納。わが家では来客を招いてのお食事会などの頻度はとても低いので、少々出し入れしにくい場所でも問題なし。

自宅での打ち合わせが多くなってきたので、来客用のコーヒーカップのソーサーやコースターをパパッと出せる場所に収納。

よく使う私と夫の食器を収納。コの字ラックで空間を分け、自分にとって出し入れしやすいスペースを確保。

使用頻度の高いお皿と、子どものプレートを収納。大きなプレートも、立てて収納することで子どもでも出し入れできるように。

わが家の備蓄コーナー。缶詰類や調味料のストック、レトルト食品やお菓子などを。使って減ったら補充する“ローリングストック法”にしています。

来客用のお茶セットと紅茶セットを収納。使用頻度は高くないけれど、時間をかけずサッと出したいので、手を伸ばせば届く場所に。

来客用のコーヒーカップや食器。来客用の食器の中で使用頻度の高いモノを出し入れしやすい目の高さ＆手前に配置。

毎食使う使用頻度の高い食器を集結。上部に手が入る空間を確保して、奥の食器もラクに出し入れできるように。

茶碗蒸し用の食器やどんぶりなど、たまにしか使わない夫婦の食器を収納。たまにしか使わないモノでも、出し入れしやすい高さの棚に置くと便利。

毎日使う食器などレギュラー選手が勢ぞろい。調理台の前に立ったまま、振り返れば手に取れるので、盛りつけも手早くできます。

常温保存の野菜や乾物、薄力粉やパン粉などを収納。この場所に決めたのは、娘がお手伝いしてくれるから。出し入れしやすい高さに配置。

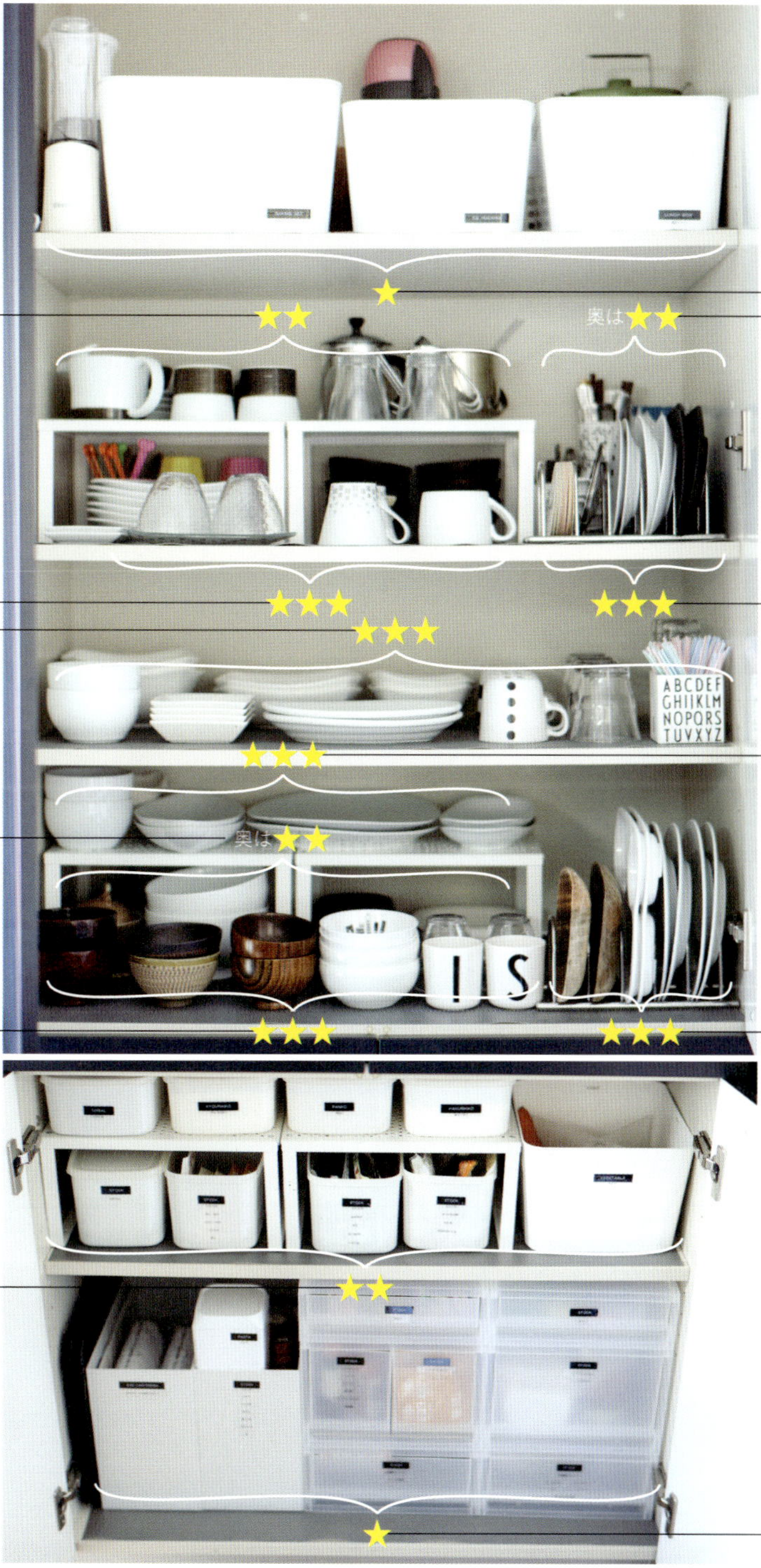

缶詰は寝かせる
缶詰の直径を測って、寝かせたときにジャストなサイズの引き出しを選択。"コンビニ方式"で奥から補充して、手前から使うと自然と賞味期限の古いものから消費。

引き出しを活用して
食材もひと目でわかる収納に

中身を出す
お菓子は個包装のモノを選び、外袋から出してバラバラにしてから引き出しに。子どもは自分で選ぶ楽しさがあり、お母さんは手間いらず。

引き出しには、①上から見たときにすべてのモノが見渡せる、②奥のモノまでラクに取り出せるというメリットがあり、食材の在庫管理に役立ちます。何がどこにあるか、ひと目で把握できるので、使い忘れて賞味期限切れになったり、ダブり買いすることがありません。引き出しは、食材管理の強い味方です。

食器は基本的に2枚以上重ねない

食器棚の中で目線から腰の高さの位置は、手も目も行き届く一番出し入れしやすい場所です。そこに普段よく使う食器を集結させると、毎日の食事づくりがスムーズになります。そのためには、棚の奥と手前をフルに活用する必要があります。

奥のモノを出し入れしやすくするには、食器の上部に「ゆとりの空間」を確保するのがポイント。食器を重ねる数が2枚であれば、高さを抑えることができるので、奥までスムーズに手が伸ばせて、食器を出し入れできます。また、2枚なら両手を使わず、片手で持てるのでラク。

さらに、「2枚以上重ねない」ルールにすることで、必然的に食器の数が制限され、むやみに増えることもありません。

冷蔵庫はカゴ収納で
取り出す手間も食材もムダなし

「カゴ収納」のメリットは、カゴが引き出し代わりになり、引き出すたびに中のモノがすべて把握できることにあります。庫内の隅っこに置かれたまま、忘れられてしまうモノがありません。

また、食材をアイテムごとにざっくりと分類しているので、そのとき必要なモノをカゴごといっぺんに取り出すことができます。よく使う食材が入ったカゴを、一番出し入れしやすい場所に配置すると、食事づくりがとてもスムーズ。食材の管理もしやすくなります。

カゴの汚れが気になったら、水でサッと洗い流すだけでいいので、庫内の棚をわざわざ外すよりもずっと簡単。手間なしで清潔さをキープできます。

[家族にもわかりやすい分類に]

フルーツ

洗ったり、皮をむいてカットしたフルーツを容器に入れておけば、すぐに食べられます。

麺類

うどん、ラーメンなど。メンマやチャーシューなども一緒入れておくと便利です。

定番品以外のなんでもBOX

常備品ではないモノを収納。毎日出し入れするモノではないので上段に置いています。

デザート類

ゼリーやヨーグルトはパッケージから出して収納。子どもが自分で取り出せるように、一番下の段に。

定番品

味噌、納豆、豆腐などの定番品は大きめのカゴに入れて、出し入れしやすい中段に。

チーズ／お菓子づくりセット

たまにしか使わないモノですが、冷蔵庫の常備品。同じサイズの容器に入れて重ねる収納に。

ハム&ウインナー&ベーコン

肉の加工食品を入れています。ここも賞味期限が見えるようにして立てて、チルド室に。

肉&魚

肉・魚をパックのままカゴに。消費期限が見えるように立てて入れて、チルド室に。

パンセット

ジャムは市販のビンのフタを取り、フタつきのプラスチック製のコップに入れます。子どもが間違って落としても割れないので安心。

ドアポケットは出し入れのしやすさで使い分ける

使い方がいまいちわからず、何でもかんでも詰め込んでゴチャつきがちな場所。ジャンル別にしたり、容器を詰め替えて高さをそろえるだけで、使い勝手がよくなります。

使用頻度の低いモノ

手を伸ばさなければ中のモノが取れない位置。出番の少ない調味料などたまにしか使わないモノを。

手前によく使うモノ

視線の高さにあり、何が入っているか見分けやすい位置なので、使用頻度の高いモノを入れます。手前からよく使うモノを順に並べるのがコツ。

子ども用の飲料など小さなモノ

奥行きも深さもないので、小さな飲み物を入れるのに適しています。子どもが自分で出し入れできる高さです。

前列と後列で使い分ける

奥行きがある場合は前列と後列に分け、前列には背の低いモノを置き、後列のモノにも管理が行き届くように。

IKEAで購入した小ビンセット。ダシ、鶏ガラ、ハーブ類などの収納にちょうどいい大きさ。

調味料はフタが"パカッ"と開くモノを選ぶ

毎日の食事づくりの中で、ぐるぐるまわすタイプのフタの開け閉めは、ちょっとしたストレスとムダな時間を生み出します。パカッと開くタイプのフタに変えて、アクション数を最少にするだけでストレス軽減と時短に。

ダイソーで購入。子どもでも絞り出しやすい形で、小さな3つ穴で出過ぎないところが◎。

ダイソーで購入。パカッと開くうえフタ紛失の心配もないスグレもの。

ネットで購入したHARIOのボトル。750ml入るのが嬉しい。手が丸ごと入るので洗いやすい。

100円ショップwattsで購入。片手でパカッと開けられ、計量スプーンつきなのもGOOD。

パッケージから出す

フルーツは皮をむいておく

超カンタンな先取り家事で〝すぐ〟〝サッ〟とできる

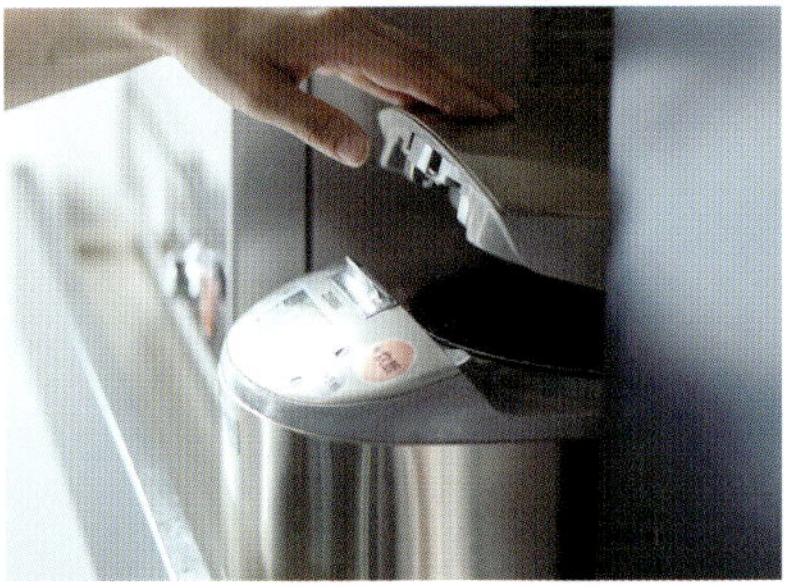

炊飯器はタイマーをセット

作り置きおかずなどの、〝先取り家事〟は、私には不向きですが、ついでにできる家事はまとめてやって、時短。

たとえば、フルーツはたいてい翌日までには食べ切るので、買い物から帰って食材を冷蔵庫に入れるついでに、カットしたり、洗ったりして冷蔵庫へ。こうすることで子どもが自分で出して、食べてくれるのでラクです。ストック食品はひと手間かけて、外箱や外袋から出しおくと、使うときにスムーズ。

ご飯は、手が空いているときに炊飯器の予約をセット。忙しいときでも「ご飯のスイッチ入れ忘れた！」ということがありません。

シンクまわりの掃除は、夕食の後片づけのついでにします。わざわざ掃除の時間をつくると面倒に感じますが、食器洗いとシンク掃除をセットにしてしまえば、一連の流れでできます。

毎日するのは、シンクと排水口カバーをスポンジで洗うこと。これだけでもヌメリや水アカ防止になります。

さらに、週1回くらいのペースで、ブラシや洗剤を使ってしっかり掃除します。掃除グッズはシンク下にセット。ここに置けば、気が向いたときにすぐ取り出せます。もともとシンク下は、湿気の多い場所なので食材を置くのは不向きな場所ですが、掃除グッズなら問題なし。

毎日ササッと＋
週1しっかり掃除で
シンクはピカピカ

夕食の洗い物終わりに

食器を洗い終わったスポンジを使って、残った洗剤分でシンクを掃除。毎日、洗っているので、食器用スポンジと兼用でも問題なし！

しっかり掃除グッズはシンク下に待機

だいたい週1回のペースで排水口の奥やシンクの角など細かいところを掃除。シンク下に掃除グッズを置いているので、出し入れがラク。

スプレーは左からキッチンブリーチ、重層水、クエン酸水、手前は左から洗剤などの詰め替え用じょうご、IH専用コゲ落とし消しゴム、シンクの隅っこ用ブラシ、排水口用ブラシ、激落ちくん。

PART 3

片づけをラクにする収納

夫や子どもが、自分が出したモノは自分でしまい、
必要なモノがあっても「あれ、どこ？」と
その都度聞かなくなったら、
主婦がひとりで片づけをがんばらなくてもすみます。
今すぐ実践できる家族が片づけ上手になる収納をお伝えします。

私の毎日の ラクラク片づけ

ダイニングで使うモノはダイニングに

使う場所の近くに収納しているから、片づけが面倒になりません。サッと出して、パッとしまえて、「後で片づけよう」がなくなります。

散らかしても子どもが自分で片づける収納

リビングで遊ぶおもちゃは箱にまとめて、リビング横の階段下収納に。箱1つ分だから、3歳の息子でも自分で出してしまえます。

動線にムダのない収納場所選び

娘はダイニングテーブルで宿題をするので、「子どものモノは子ども部屋」にとらわれず、勉強道具はテーブル横のシェルフに収納。2階の子ども部屋まで取りに行ったり、しまったりする手間がありません。

散らかっても 3分で片づく リビング

リビングは、どの家庭でも家族が一番長く過ごす場所ではないでしょうか。そして、多くの方が「リビングをくつろげる空間にしたい」と思いながらも、片づけに追われているのが実情のようです。

私は皆さんと同じ主婦なので、家事、育児、仕事に追われながらも、「自分の時間を持ちたい」という気持ちがあるのがわかります。だからこそ整理収納を味方につけて、毎日をラクに快適に、そして笑顔で過ごしていただきたいと思っています。

家族みんなが自主的に片づけてくれる、そして散らかっても、ちょっとの時間で元の状態に戻せるようにすることが必要です。それには簡単なルールがあるので、ぜひ取り入れてみてください。

[リビングが散らからない4つの収納ルール]

RULE 1

使用頻度の高いモノは出し入れしやすく

家族みんなで使う出番の多いモノは、オープン棚や引き出しの中の手前など、“置くだけ”や“手が届きやすい”場所に収納。出し入れしやすくすれば、出しっぱなしが防げます。

RULE 2

家族みんなが使うモノは、ひと目でわかるように

中身がわかり、戻す位置がわかれば、家族が自分で出し入れしてくれます。透明ケースに入れる、ラベリングする、引き出しの中を仕切ってモノが戻る場所を明確にするなどの工夫を。

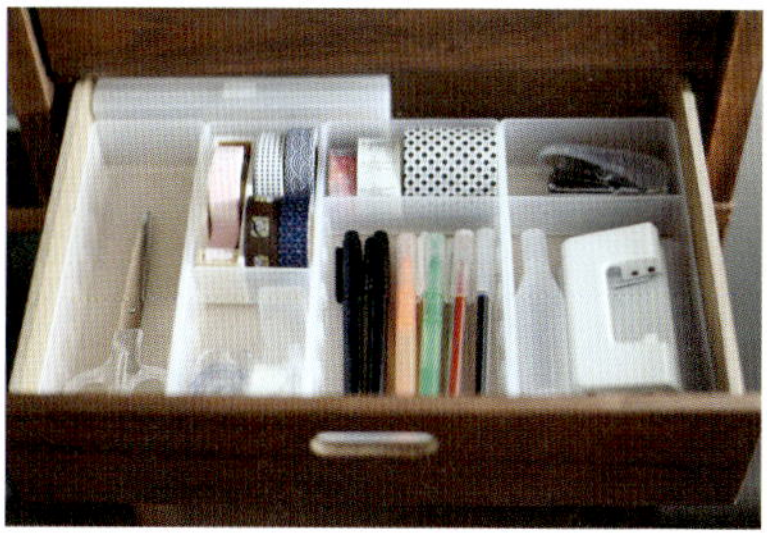

RULE 3

リビングの近くにおもちゃ収納をつくる

子どもがリビングでよく遊ぶなら、箱1つでもいいのでリビング用のおもちゃ収納をつくります。子どもの行動に合わせず、「おもちゃは子ども部屋に」と限定すると、しまいに行くのが面倒になり、出しっぱなしに。

RULE 4

どんなモノでも定位置を決める

「出したらしまう」を家族みんなで習慣化するには、モノの置き場所を決めることが重要。ハサミ1つ、耳かき1つでも定位置を決めれば、「あれ、どこ？」も、出しっぱなしもなくなります。

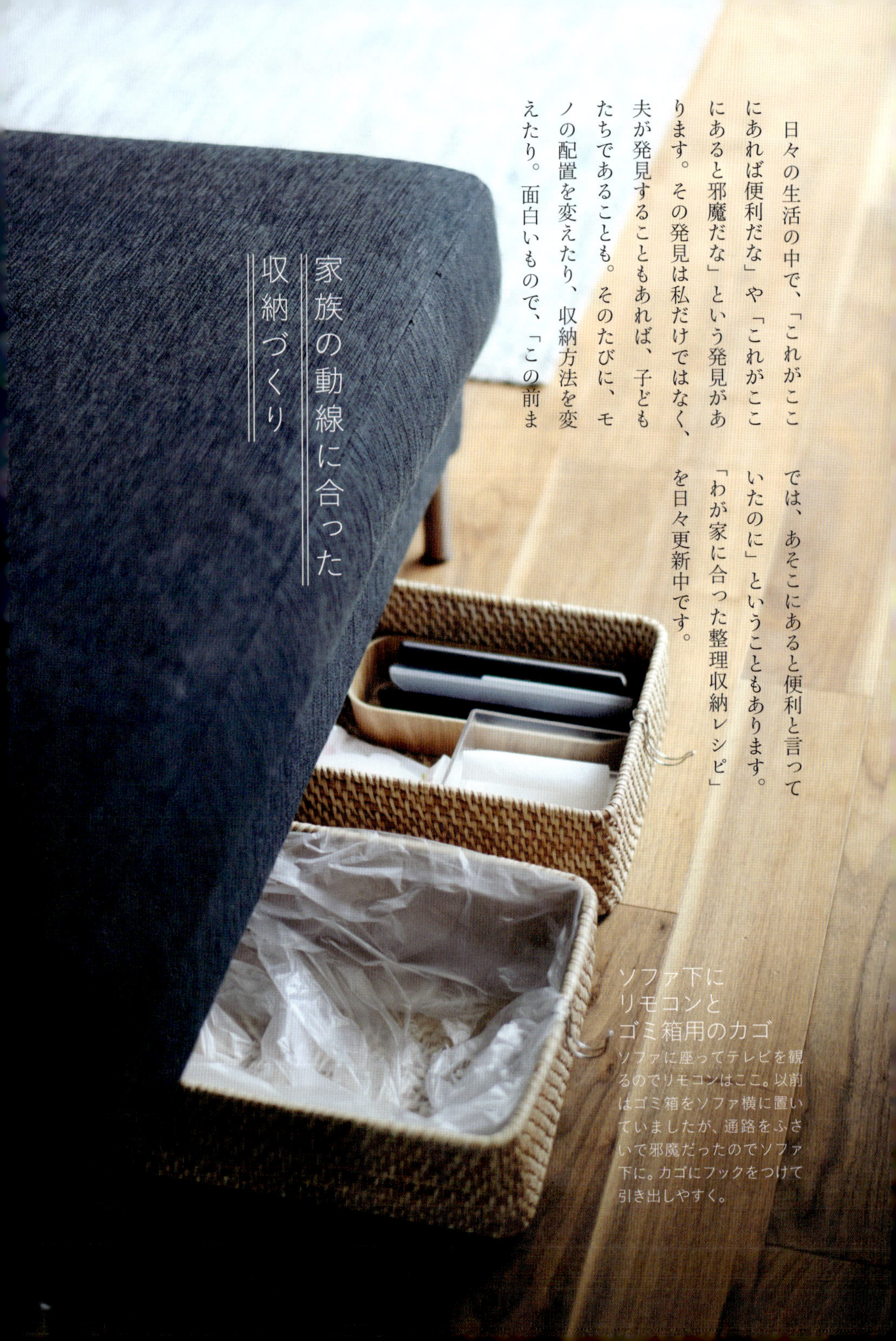

家族の動線に合った収納づくり

日々の生活の中で、「これがここにあれば便利だな」や「これがここにあると邪魔だな」という発見があります。その発見は私だけではなく、夫が発見することもあれば、子どもたちであることも。そのたびに、モノの配置を変えたり、収納方法を変えたり。面白いもので、「この前までは、あそこにあると便利と言っていたのに」ということもあります。「わが家に合った整理収納レシピ」を日々更新中です。

ソファ下にリモコンとゴミ箱用のカゴ

ソファに座ってテレビを観るのでリモコンはここ。以前はゴミ箱をソファ横に置いていましたが、通路をふさいで邪魔だったのでソファ下に。カゴにフックをつけて引き出しやすく。

学校から
帰ったら
まっすぐ
リビングへ

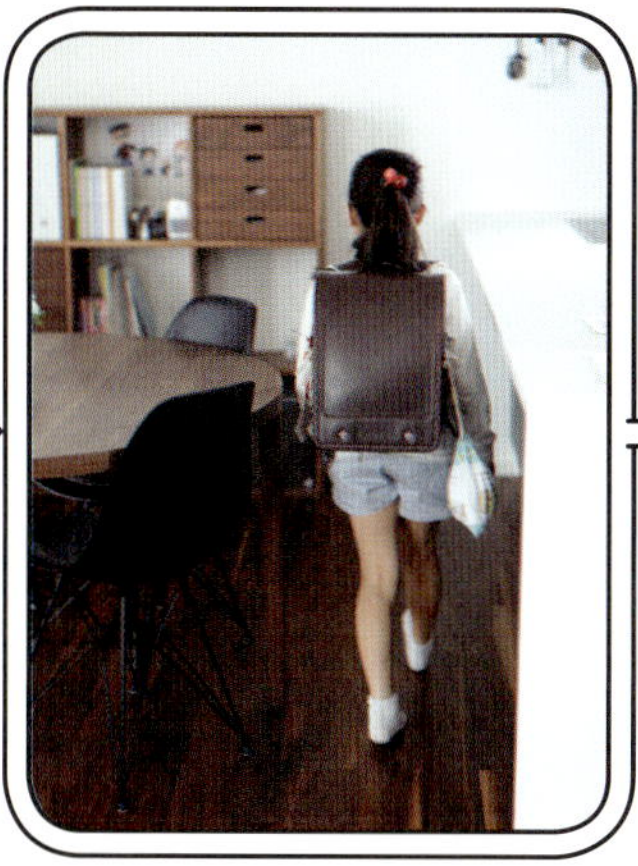

直線コースを抜けて

最短の移動で
ランドセルがしまえる

リビングで

ランドセルは
ダイニングの棚に収納

ダイニングテーブルで宿題をするので、ランドセルはダイニングに入って突き当りの棚に。定位置は、直進してすぐの右端の列。娘が一番出し入れのしやすい中段に。

階段下で

2階に行く用事はまとめる

靴下やハンカチなどの洗濯物を階段下に一時置きして、娘が2階に上がるついでに2階の洗濯機へ。朝、娘が脱いだパジャマはカゴに入れ、私が2階に行く用事のあるときに寝室に戻します。

入浴ついでに

入浴前に明日の準備

お風呂に入る用意をするとき、クロゼットを開けたついでに明日、学校に着ていく服を決めます。ついでにやれば、面倒くさくありません。

靴箱で

雨の日セット
出がけに雨が降ってきたときでも、わざわざ靴を脱いで取りに行く必要なし。

夫の仕事用カバン
ソファやダイニングテーブルに置かれがちなカバンは帰宅したらここに。わが家のポイ置き防止策。

エコバッグ
靴を選ぶときにエコバックが目に入るので、持ち忘れ防止に。

外出用ケアグッズ
日焼けどめ、虫よけスプレー、消毒ハンドジェルなど。外で使うモノだからこそ玄関の近くに。

寝室で

ネクタイはクロゼットに一番近い引き出しに
夫は朝の身支度を寝室のクロゼットですませます。細かい物もクロゼットの一番近くにあるチェストにまとめておけば、移動が最短に。

3歳児が片づけ上手になるおもちゃ収納

「どうやって片づけ上手な子に育てたのですか?」というお言葉をいただくことがあります。そんなとき、私は「どんな子でも、片づけられるようになりますよ」とお伝えします。仕組みをつくり、片づけ方を伝えれば、必ずできることだからです。

私が今までに出会った子どもたちに「片づけのやり方知ってる?」や「○○を戻す場所知ってる?」と聞くと、ほとんどの子どもたちが「知らない!」と言います。これでは片づけられないのは当然です。子どもが片づけ力を身につけるには、親が、「1つ1つのモノの戻る場所を決めて、その場所に戻すこと」が、「片づけ」であると伝えること。そして、その子に合った仕組みを一緒につくることが大切です。

［置くだけ・かけるだけ］

棚に置くだけ

大きめのおもちゃはクロゼットの棚に置くだけ収納。きれいに入れられなくても、その場所に戻すことができればOKです。

フックに引っかけるだけ

小さなぬいぐるみはゴムをつけ、有孔ボードにつけたフックに引っかけ収納。しまい込むと存在を忘れてしまいがちなぬいぐるみもこれなら安心。

［中身がひと目でわかる］

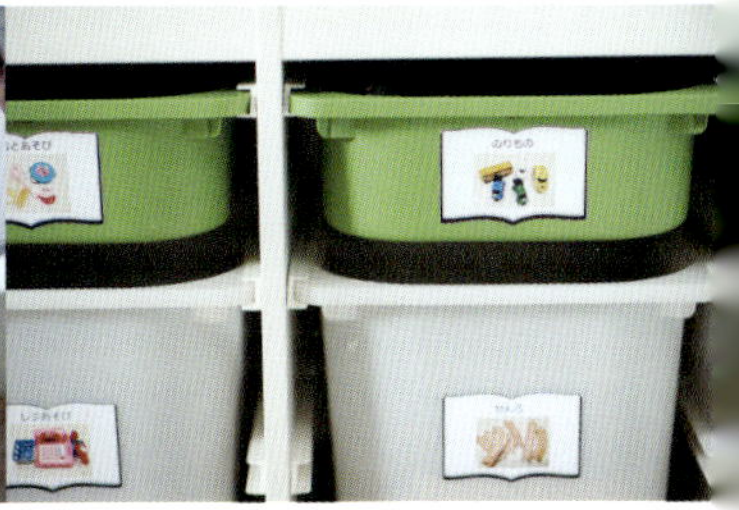

透明ビニール袋で

カード類は、遊びごとに分けてジップつきビニール袋に。中身が見えるので探し物ゼロ。3歳児でも箱に戻すより簡単に片づけられます。

半透明ボックスで

シール、人形の小物など量が多く細々したアイテムは中身が見えてフタつきの箱に。1つずつ出して、出す前に1つ片づけるがお約束です。

写真で

息子はまだ文字が読めないので、写真で中身を知らせます。小さな子どもでもわかるラベリング法なら、自分で出して、元に戻せます。

子どもが自分で身支度できるクロゼット

娘が小学生になるとき、朝の身支度についての不安がありました。制服があった幼稚園とは違って、これからは毎日、着る服を選ぶ必要があるからです。毎日のことだからこそ、「洋服選びが楽しくなる、選びやすくなる仕組みづくり」をするのは、親の役目だなと感じました。

仕組みづくりは、私ひとりではできません。使うのは娘ですから、娘の意見を聞きながら、どこに何があればいいか、どんな服の分け方やしまい方だとコーディネートしやすいかを聞きながらつくり上げました。娘を見ていて感じたのは、大好きなモノがどこにあるかわかることは、子どもでも楽しさにつながるということ。仕組みづくりの大切さと効果を実感した瞬間でもありました。

[手が届く・すぐわかる収納]

“うえにきる”“したにきる”で分ける

洋服はトップスとボトムスに分けて収納。娘が決めた言葉でラベリング。子ども自身が描いたイラストをラベル代わりにしました。

道具類は中身を見せて立てる

学校で使うお道具箱や工作セットなどは、中身がわかるように、立てて収納。子どもの収納は「わかりやすさ」が大切なので、ファイルボックスの向きは中身が見える側に。

バッグは手の届く高さに吊るす

バッグはパッと見でわかる吊るす収納。娘の成長に合わせて、手の届く位置に突っ張り棒をつけ替えます。

ちなみに…よく使うバッグは“立てる収納”

よく使うバッグはクロゼットにしまわず、ボックスに立ててシェルフの中に。引き出すと、上から見て使いたいバッグがすぐに見つかります。

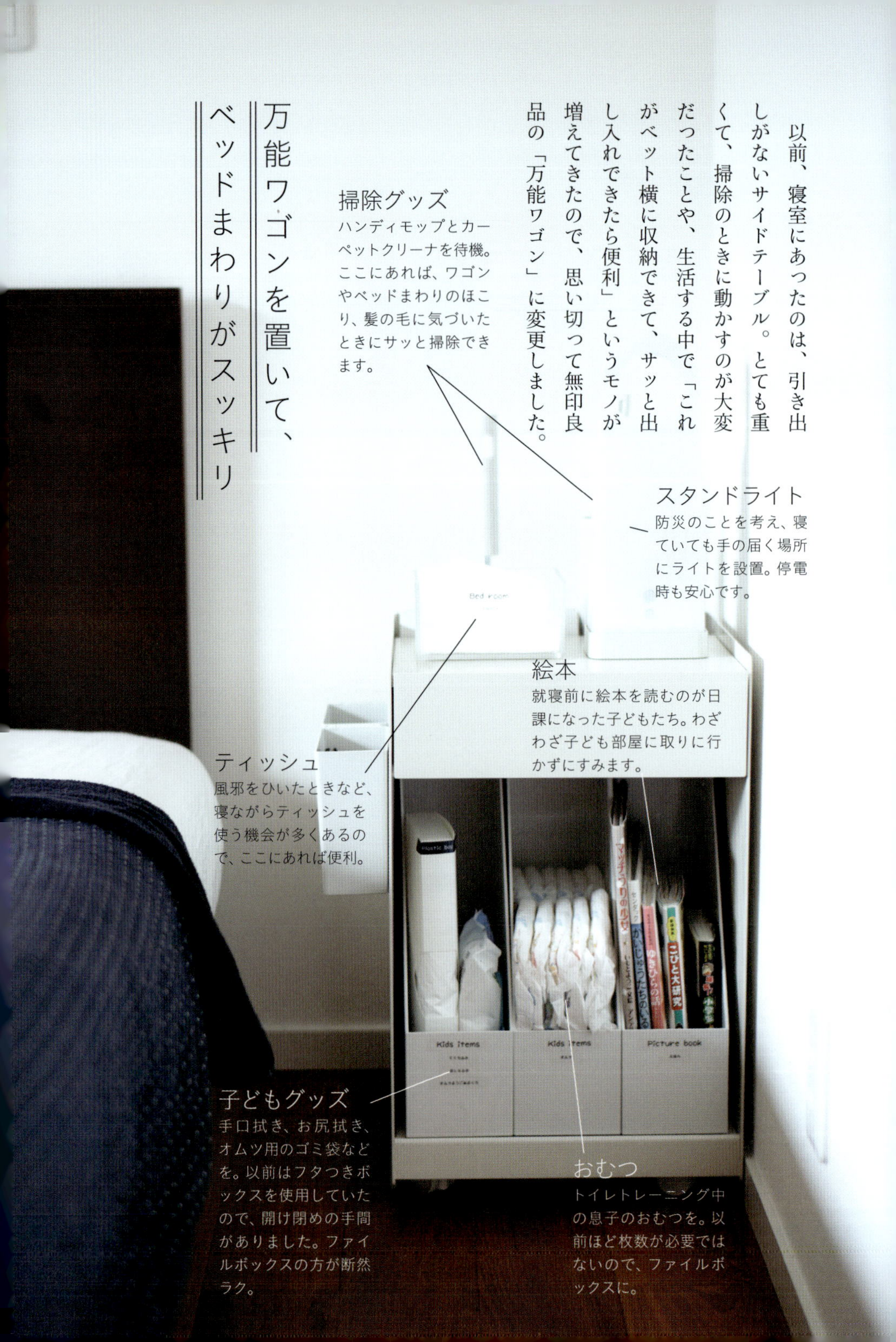

万能ワゴンを置いて、ベッドまわりがスッキリ

以前、寝室にあったのは、引き出しがないサイドテーブル。とても重くて、掃除のときに動かすのが大変だったことや、生活する中で「これがベット横に収納できて、サッと出し入れできたら便利」というモノが増えてきたので、思い切って無印良品の「万能ワゴン」に変更しました。

掃除グッズ

ハンディモップとカーペットクリーナを待機。ここにあれば、ワゴンやベッドまわりのほこり、髪の毛に気づいたときにサッと掃除できます。

スタンドライト

防災のことを考え、寝ていても手の届く場所にライトを設置。停電時も安心です。

絵本

就寝前に絵本を読むのが日課になった子どもたち。わざわざ子ども部屋に取りに行かずにすみます。

ティッシュ

風邪をひいたときなど、寝ながらティッシュを使う機会が多くあるので、ここにあれば便利。

子どもグッズ

手口拭き、お尻拭き、オムツ用のゴミ袋などを。以前はフタつきボックスを使用していたので、開け閉めの手間がありました。ファイルボックスの方が断然ラク。

おむつ

トイレトレーニング中の息子のおむつを。以前ほど枚数が必要ではないので、ファイルボックスに。

[まだまだすごい万能ワゴンの収納力]

サイドにゴミ箱とメガネ入れ

ケースにマグネットシートを貼り、ゴミ箱とメガネ入れとして使用。夜はメガネで過ごすので、就寝時にはずしたメガネをここに。寝ながら鼻をかんでも、ティッシュがすぐ捨てられます。

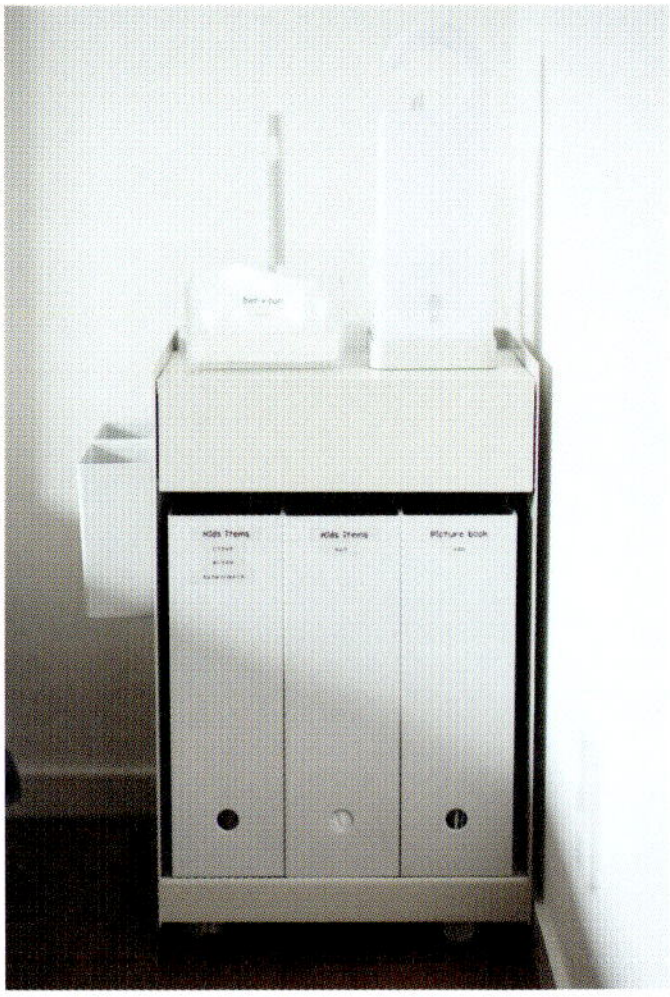

昼間は見た目スッキリ!

ファイルボックスを反対向きにするだけ。自宅で撮影の仕事があるときでも、簡単によそ行き風に変身できます。

引き出しつき

体温計やツメ切りなど子どものケアグッズを収納。寝ているときに「あれ、熱ある?」と感じて熱を測るときや、子どもが寝ている間にツメを切るのに便利。

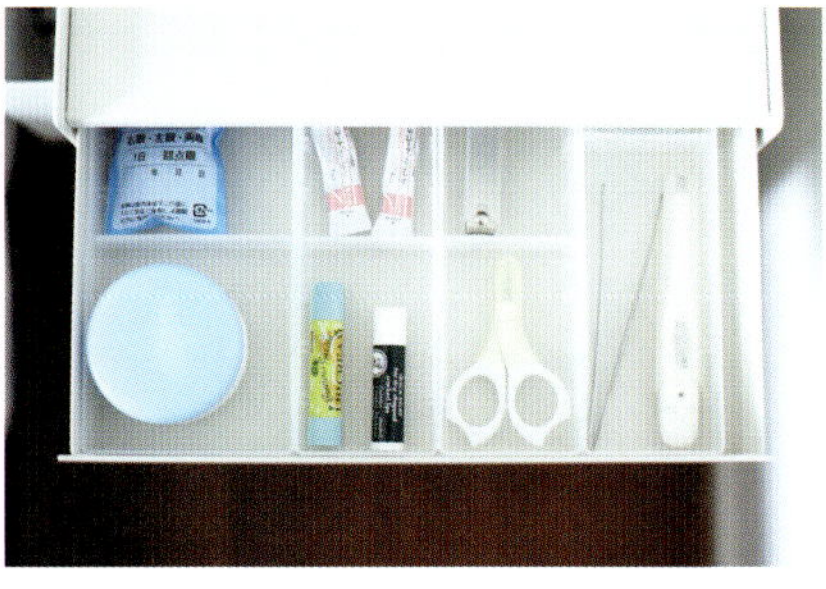

入れがラクに]

毎日のコーディネートが楽しくなるクロゼット

カゴにラベルで探す手間なし

おそろいのカゴは見た目はいいのですが、中身がわからなくなることも。ラベリングで一目瞭然になり、夫も必要なモノを自分で出してくれるようになりました。

実は、クロゼットは「不要なモノのたまり場」になりやすい場所です。というのは、しばらく着ていない服やあることすら忘れてしまった服が、知らず知らずのうちに増えてしまうから。そうしないためには、ひと目で何がどこにあるか、わかることが大切です。

また、クロゼットを不要なモノのたまり場にしないためには、毎日のコーディネートが楽しくなるようなクロゼットづくりがカギ。過去の自分でも、未来の自分でもなく、「今の自分」に似合う服を厳選して、収納するようにしています。

あちこち開けずに済む幅広チェスト

今までは2段×2で引き出しが4つありました。引き出し2段の幅広チェストに変えたことで、1段に夫婦それぞれのタオル、パジャマ、下着など入浴時に必要なモノをまとめてIN。引き出しを1段開けるだけですむようになりました。

[クロゼットを見直して、服の出し

とにかくハンガーで“かける収納”に

使用頻度の低いシャツ、バッグ、帽子などを収納していたホルダーを取り外し、ハンガースペースを広くして、すべてかけられるようにしました。洗濯して取り込んだ服をハンガーごとかけられるので、洗濯物をたたむ手間が激減しました。

ジャストサイズで奥のチェストもラクに引き出せる

Beforeの写真を見るとわかるように、以前のチェストは幅広で、向かって右側の引き出しが奥に隠れて、引き出しにくいという難点がありました。新しいモノは幅を少し狭くして、2つのチェストの全面が見えるように。出すのも、しまうのもラクになりました。

オープン棚にバッグや小物を収納

右奥にオープン棚を置き、ホルダーに入れていたモノを収納。引き出しではなくオープン棚なので、奥にあってもモノの出し入れがしやすい。

使いづらい空間は この収納グッズが便利！

階段下収納

フタつき箱
(IKEA)
ホコリがかぶるのを防ぎたいモノの収納に。重ねられるので、収納量がアップします。

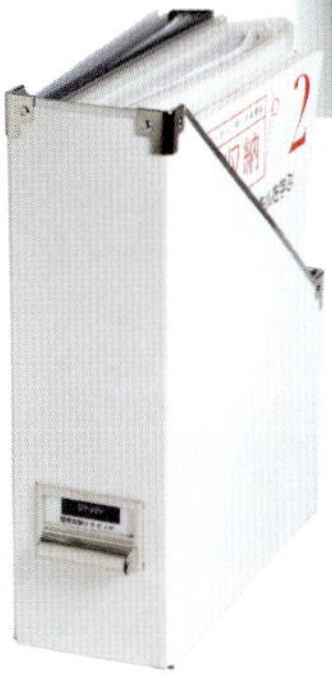

ファイルボックス
(IKEA)
雑誌や本の収納に最適。ジャンルごとにまとめるのがコツ。

[ファイルボックス×フタつき箱]

家の中には、「使いづらい空間」が存在するものです。たとえば、奥行きがあり過ぎる押し入れは、空間を「奥・手前」に分けて考えます。奥は季節家電など、手前には日常的によく使うモノのストックなどを収納。天井の高さが一定でない階段下収納は、空間を「上段・中段・下段」に分けて考えます。使用頻度の高いモノほど出し入れしやすい中段に、重たい物は下段に、そして上段は最も出し入れしづらい場所なので出番の少ない軽い物を。

　どんな空間でも「仕切る」ことがポイントです。棚や引き出しで大きな空間を仕切り、さらにファイルボックスや箱を活用して、小さな空間を仕切ることで、使いづらい場所でも有効に使うことができます。

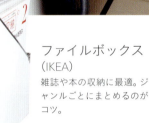

［引き出し式ケース×ファイルボックス］

奥行きの違いを使い分ける

奥行きの違う2種類のケースを置き、浅い方の後ろにはクリスマスツリーを収納。年に1度の出し入れなので奥にあっても問題なし。

コの字ラックで収納量を2倍に

上段を2つの空間に分けるために、コの字ラックを利用。ファイルボックスの高さに合わせて、コの字ラックを選びました。

押入れ

引き出し式ケース
（無印良品）

空間の奥までを有効活用するのに最適。引き出しに収納することによって、奥のモノまで管理が行き届きます。

ファイルボックス
（無印良品）

モノの量をセーブできて、取り出しやすいのが利点。紙袋やぞうきん、冠婚葬祭アイテムなどを収納しています。

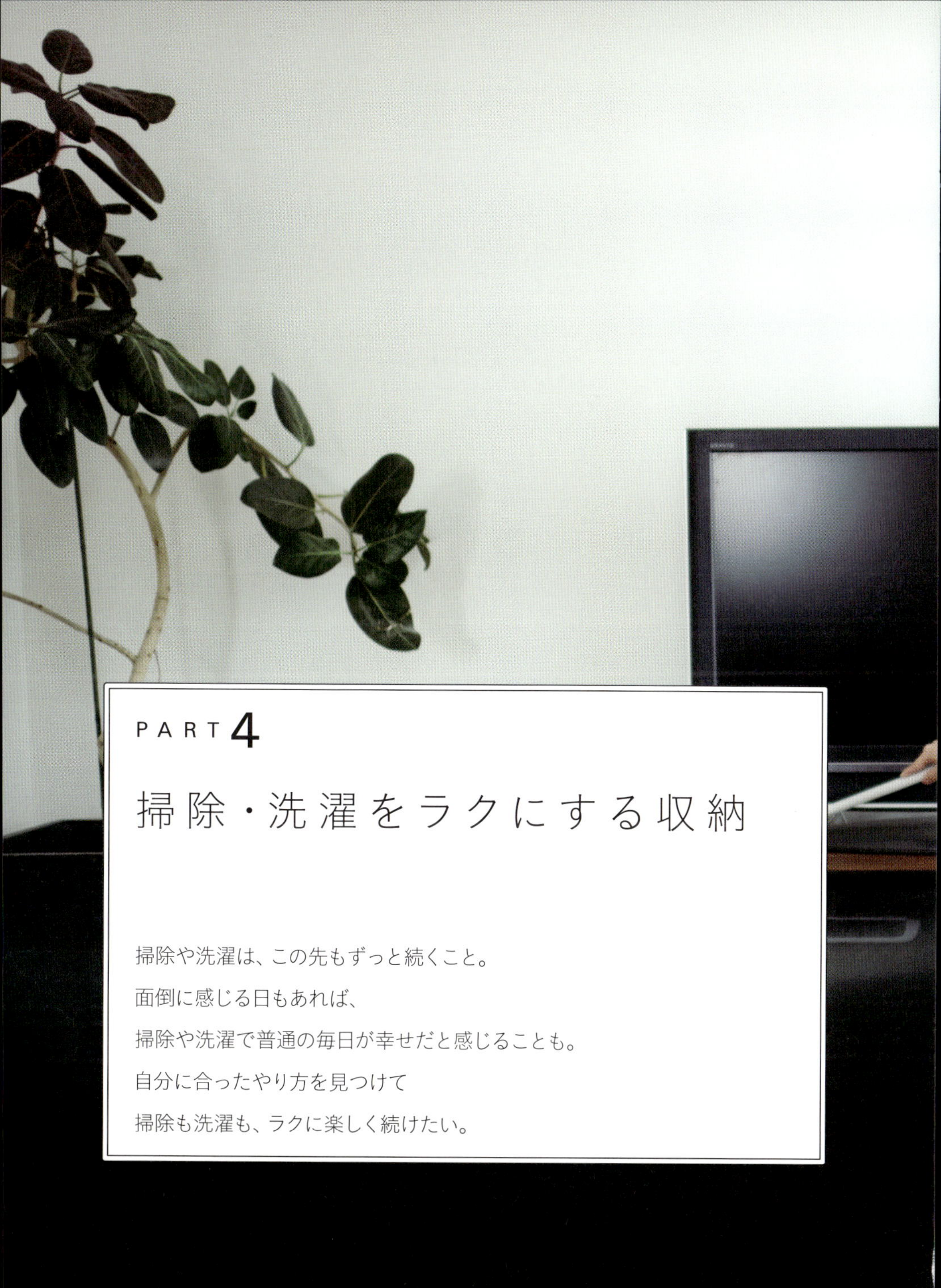

PART 4

掃除・洗濯をラクにする収納

掃除や洗濯は、この先もずっと続くこと。
面倒に感じる日もあれば、
掃除や洗濯で普通の毎日が幸せだと感じることも。
自分に合ったやり方を見つけて
掃除も洗濯も、ラクに楽しく続けたい。

私の毎日の ラクラク掃除・洗濯

ブラインドは閉めて
ハンディモップで
ササッと

一見、面倒そうなブラインド掃除ですが、閉めれば表面をハンディモップでなでるだけで簡単にきれいになります。

テレビを
観ながら

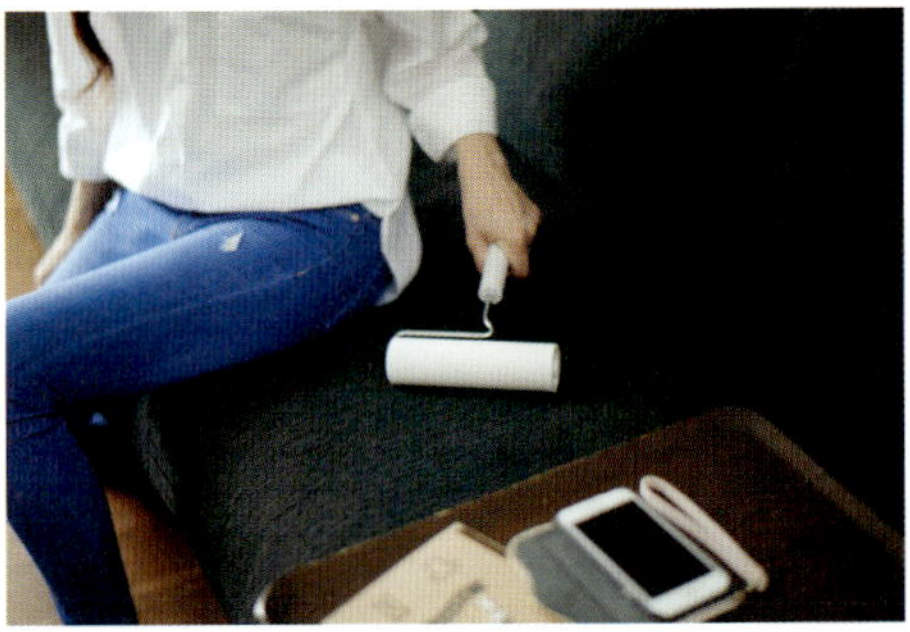

カーペットクリーナーをテレビ横にスタンバイ。
テレビを観ながら、ラク～に“ながら”掃除。

掃除機がけもスイスイ

床面に出しっぱなしのモノがないので、すぐに掃除機がけにかかれます。直置きしているモノも最小限なので、わざわざどかす手間もありません。

蛇口をサッとひと拭き

干す用とクロゼット用のハンガーを同じモノにして、このままクロゼットに直行。

〝ついで〟掃除で家じゅうピカピカ

職業柄、毎日、家じゅうをピカピカにしているという印象を持たれます。ですが、そんなことはぜんぜんなくて、「ついで」や「ながら」で掃除をすませている私です。

1日は24時間。正直なところ、「足りない！」と思うくらい忙しい日もあります。だからこそ、掃除にかける時間はわざわざ取りたくないというのが本音です。いつもの行動をしながらラクに簡単に続けることができる掃除が、私には合っています。

[家のあちこちに掃除グッズをスタンバイ]

“ついで”掃除のポイントは、掃除グッズを1カ所にまとめて置かずに分散させることにあります。
わざわざ取りに行く手間がなく、気づいたときに掃除が完了！

靴箱の中に

無印良品のちりとりつきのミニほうきを。砂や土ボコリがたまりやすい棚板は、朝、家族を見送ったついでや、自分が帰宅したついでに掃除。

お風呂場の壁に

スキージー、スポンジ、ブラシのお風呂掃除3点セットを壁に吊るす収納。水切りもいいので、掃除グッズ自体も清潔に保てます。

トイレタンクの奥に

油断すると、汚れが落ちにくくなるトイレ。掃除グッズを常備しておけば、自分が入ったついでや、汚れが目についたときに。

子ども部屋も

シェルフの一角にハンディモップとカーペットクリーナーを飾るように配置。ここに置けば、子どもが自分で掃除する習慣づけにもなります。

テレビ横に

テレビの横にハンディモップとカーペットクリーナーをスタンバイ。すき間時間や気づいたときにササッと掃除できます。

洗面台下に

ここにあれば、洗顔や歯磨きついでに洗面台まわりの掃除ができます。チェストの裏なら目につかないので、来客があっても気になりません。

aクエン酸水や重層水をティシュにスプレーして拭き掃除。b頑固な汚れや細かい所は激落ちくん、ブラシ、綿棒で。cぞうきんで拭くことも。

毎日、ここだけ3分掃除で
いつでも人を呼べる家に

「来客時には、いつも家じゅうがピカピカ」というのが理想的ですが、なかなかそうはいきません。娘を小学校に見送って、息子を保育園に連れて行き、朝は毎日バタバタです。ですが、そんな日でも、午前中から仕事の打ち合わせや撮影などで、家に人を迎えることがあります。

ガッツリ掃除はムリだけれど、ポイントさえ押さえて掃除をすれば、不思議と家が整って見えるという場所があります（下の3カ所）。これは97歳で他界した私の大好きな祖母が残してくれた、ラクするための掃除テクだと思っています。

どんなに忙しくても、時間がないときでも、この3カ所だけは朝のうちに掃除終了。これだけで家の中も気分もスッキリします。

蛇口と洗面ボウルの水気を拭く

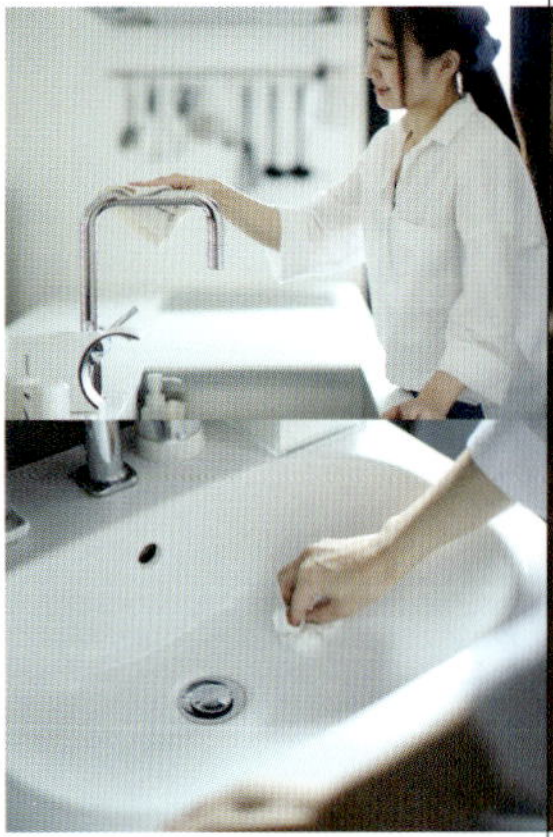

水まわりは水気を拭き取るだけできれいに見えます。朝食の後片づけの終わりに、手を洗ったついでにティッシュで拭くだけ。

トイレは便座を拭く

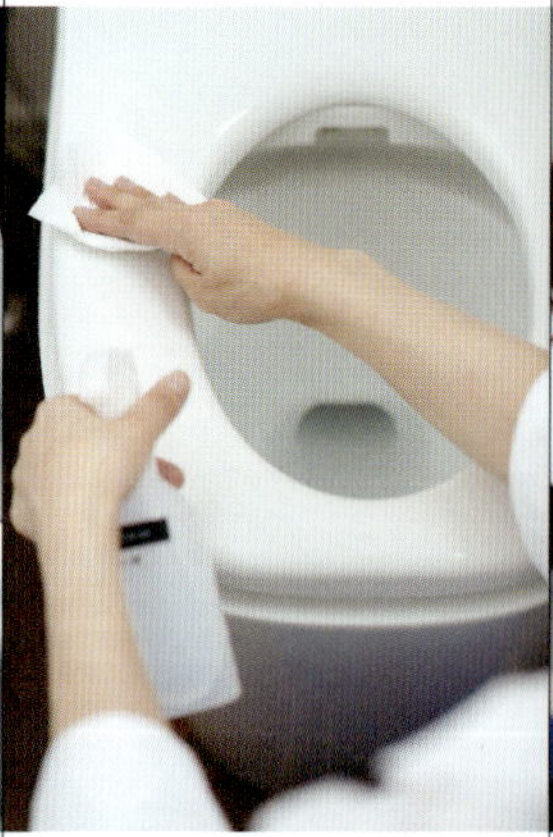

クエン酸を水に溶かしたスプレーをトイレットペーパーにシュッとして、便座を拭くだけ。ペーパーはそのまま流します。

家具のホコリをはらう

ハンディモップでシェルフやテレビ台などのホコリを取ります。家具にホコリがないだけで、掃除が行き届いている印象に。

玄関マットなし

トイレマットなし

ちなみに……
お風呂のフタもなし

マット類は 持たないから掃除も洗濯もラク

わが家では、極力マットは使用しないようにしています。マットはホコリがたまりやすく、気をつけていないと、バイ菌をため込んでしまいます。マットがあればある分だけ、汚れを気にして毎回洗濯をしたり、マットの替えの収納場所を考えたり、掃除のときにはわざわざどかす手間もかかります。

「ここのマットはなぜ必要?」と考えたとき、理由が見当たらない場所にはマットを置かないことにしています。例外は、水はねや油はねをその都度、拭く手間を省くキッチンマットと、お風呂上がりに濡れた足を拭くためのバスマットです。持つことでたくさんの手間がかかるモノ、手放すことで家事がラクになるモノの1つがマットだと感じています。

掃除機がけをラクにする家具や家電を選ぶ

私は昔から掃除が大好きでしたが、主婦になってからは、毎日続く掃除が嫌いになってしまいそうでした。独身のときと違って、家じゅうを掃除しなくてはならないからです。そこで、限られた時間で効率よくするためにはどうしたらいいのだろうと考えるようになりました。

その答えの1つが、家具や家電の選び方にありました。たとえば、掃除機がけを例にあげると、今はいろいろなタイプの掃除機があるので、間取りやライフスタイルなどに合わせて選ぶことができます。2階建てや部屋数が多い家はハンディタイプがラクですし、共働きの場合はお掃除ロボットという選択も。家具を可動式や脚つきのモノを選ぶことも、掃除機がけをラクにするコツです。

毛足の短いラグなら吸い取りがラク

毛足にホコリや髪の毛が絡みつきにくいだけではなく、掃除機を動かしやすい。子どもが何かこぼしたときも、拭き取りが簡単です。

キャスターつきだから片手で動かせる

キャスターつきの家具なら、掃除機をかけながら片手で移動できます。家具の後ろ側にホコリもたまりません。

[こんなちょっとした工夫でラクになる]

ソファは下が掃除しやすい脚つきに

掃除機やフロアモップが入るので、ソファをいちいち動かさなくても、ソファ下が掃除できます。模様替えしたら、ソファ下がホコリだらけということもなし。

配線コードカバーでゴチャつきなし

配線が集まるテレビやパソコンまわりはホコリがたまりやすい場所。カバーでひとまとめにすれば、掃除機がけがラク。子どもの安全対策にも。

「干す」と「しまう」を同じハンガーにしたら洗濯がラクに

最近、クロゼットの見直しをしましたが、それには「洗濯をラクにしたい」という大きな理由がありました。私はズボラなので、洗濯物をたたむという作業が面倒で仕方なかったのです。

クロゼットの見直しと同時に、ハンガースペースを広くして、ハンガーを洗濯物干し兼用にしました。娘の衣類に関しては「かける収納はイヤだ！」という娘の意見を尊重してたたむ収納にしていますが、私、夫、息子の洋服は、ほとんどをかける収納に切り替えました。おかげで、洗濯物をたたむ作業にかける時間が大幅に短縮。「もっと早くこうすればよかった！」と思うくらいです。

洗濯をラクにする仕組み

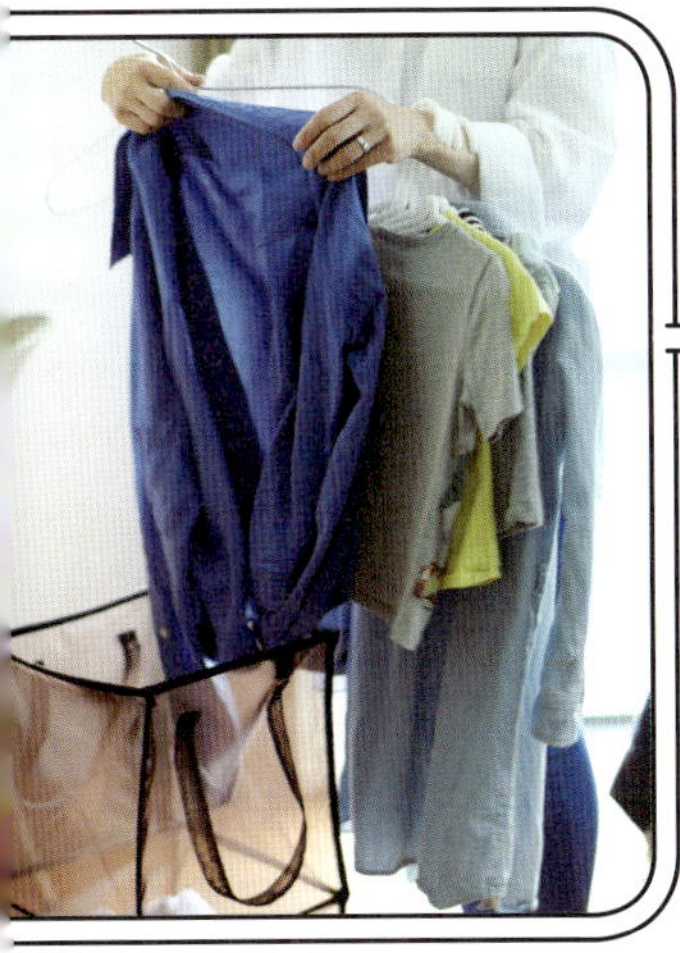

洗濯物をハンガーにかける

ベランダに面した寝室に洗い終わった洗濯物とハンガー一式を持って行き、洗濯物を次々にハンガーにかけます。

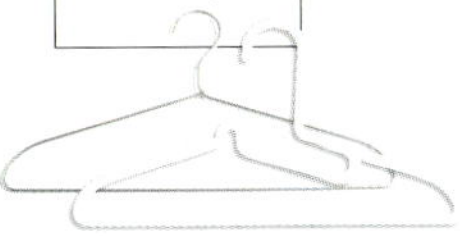

無印良品のハンガーを使用

まとめて干す

ある程度、ハンガーにかけたら、まとめてベランダに干します。夫、自分、娘、息子とそれぞれ分けて干すのがコツ。

まとめて取り込む

ハンガーをギュッとまとめて、いっぺんに取り込みます。人別に干しているので、取り込んだ洗濯物は人別にまとまっています。

干したハンガーごとクロゼットにしまう

洗濯物は、たたまずにそのままクロゼットのハンガースペースにかけます。クロゼット収納を見直して、ハンガースペースを広くしたのでたくさんかけられます。

子どもの服もそのままクロゼットに

洗濯グッズはオールINワンで動きにムダなし

洗濯物入れは折りたたみ式に

無印良品のカゴにハンガーと折りたたみ式の洗濯物入れをまとめて入れ、寝室横のウォークインクロゼットに収納しています。

洗濯グッズは、案外多くて収納がかさばります。洗濯のたびにあちこちに取りに行くのは手間だし面倒です。わが家では、全部まとめて1つのカゴに入れています。洗濯サイクルを考えて、必要なハンガーが入り切るサイズを選び、洗濯グッズはここに入る量しか持たないのがルール。これだけ運べばいいのでラクです。

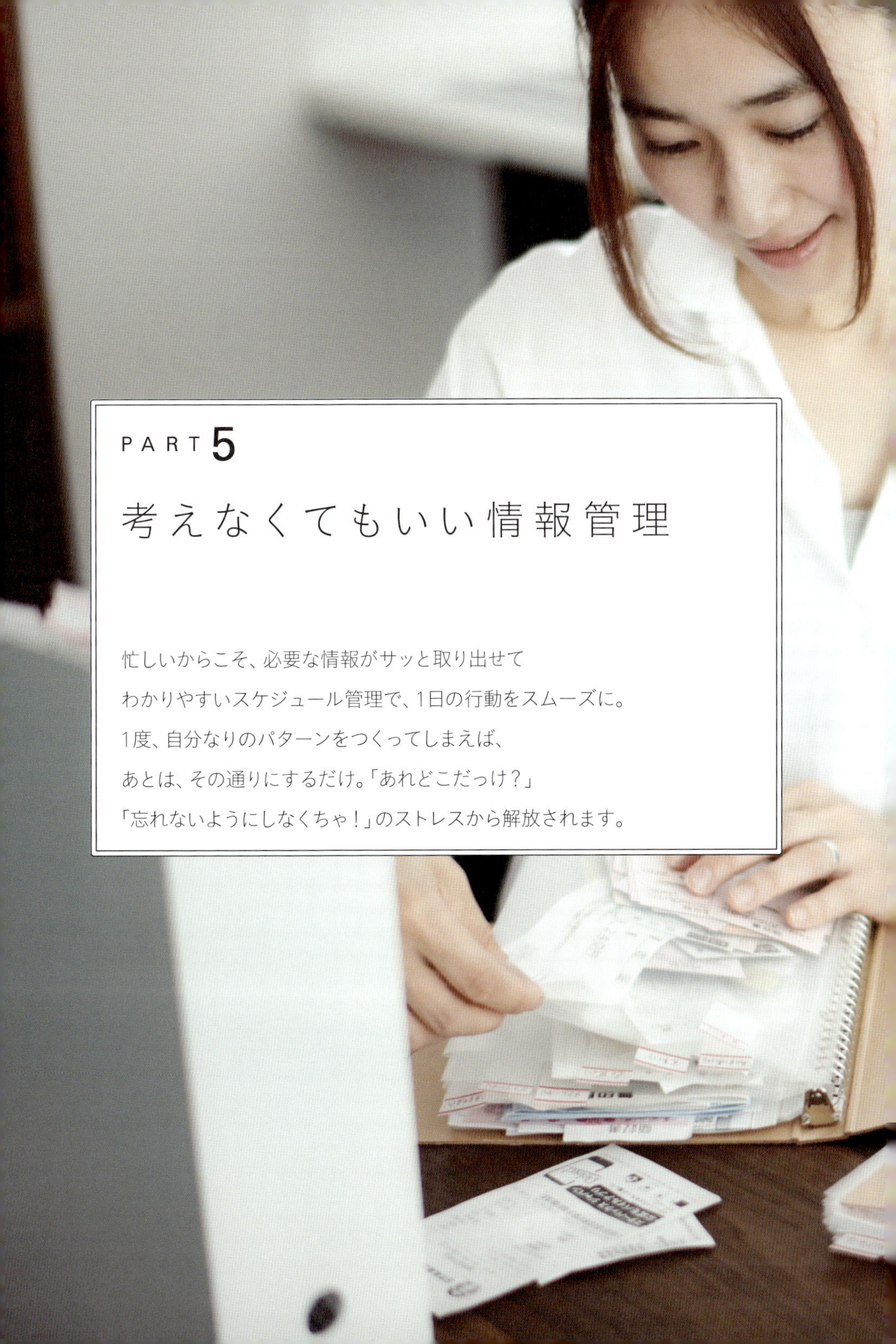

PART 5

考えなくてもいい情報管理

忙しいからこそ、必要な情報がサッと取り出せて
わかりやすいスケジュール管理で、1日の行動をスムーズに。
1度、自分なりのパターンをつくってしまえば、
あとは、その通りにするだけ。「あれどこだっけ？」
「忘れないようにしなくちゃ！」のストレスから解放されます。

毎日忙しいからこそ、スケジュール帳はひと目でわかる工夫を

衣類のシール
お客様宅の作業で買い出ししたモノが必要な日

蛍光ペンで日付を塗ってある日
夫の仕事がオフの日

ふせん
今月、やるべきことをメモ。資料作成やメールの返信などのパソコン作業の場合は、このふせんをパソコンにつけて、終わったものから次々に処分。

建物のシール
自宅以外の場所で仕事がある日

バーコードリーダーシール
お客様宅の写真を場所ごとに管理。アプリと連動しているバーコードをスマホで読み取ると、確認したい写真をすぐ見ることができます。

女の子の顔のシール
娘の学校行事がある日。

子どものシール
息子を保育園に預ける日。

カメラのシール
雑誌などの撮影や取材がある日。

色つきふせん
ピンク：娘の用事。緑：撮影、講座、打ち合わせなど“相手のある”仕事。青：資料作成、原稿執筆など“相手のない”仕事やプライベートな用事。黄：お客様宅の作業。

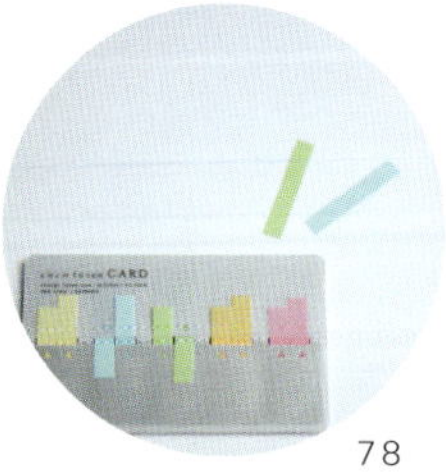

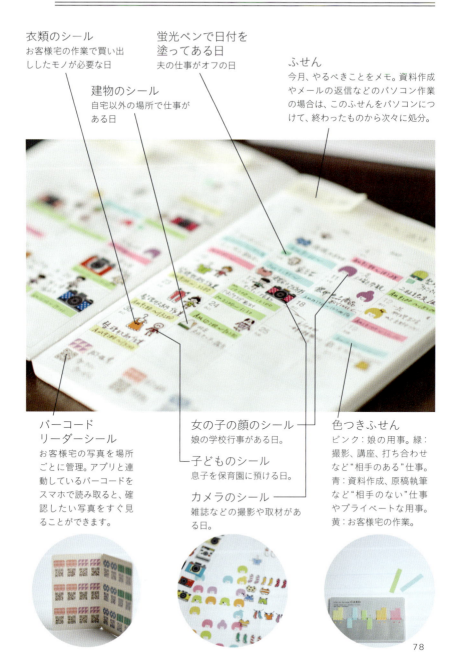

「やることリストで仕事も家事もテキパキ片づく」

「いつまでに」か期限を書くのがポイント

スケジュール帳で月ごとの大きな予定を管理し、「やることリスト」には、その週のうちにすべき細かいことを期限と一緒にリストアップ。来客時以外はテーブルの上に置き、常に目に入るように。やるべきことを時間軸で把握できる利点があります。

スケジュール管理については、自分に合った仕組みをつくるまでに時間がかかりました。一時期は携帯電話のスケジュール機能のみで管理していたこともあります。ですが、充電が切れてしまったときにスケジュールが確認できなかったり、携帯電話ばかりを頼りにして頭に入っていないことを実感したので、「自分自身で書く」ことをプラスしました。

普段、一番心がけているのは、どんなに忙しくても、子どもに関わる大切な行事や期限のある提出物、また責任ある仕事を忘れないようにすること。そうするためにも、シールやふせんを利用して、家族全員の予定がパッと見てわかる工夫や、自分の仕事についても、どんな仕事なのかを明確にする工夫をしました。

整理したい書類を集める

まずは家の中のあちこちにしまっている書類を種類やサイズに関係なく、1カ所に集めます。

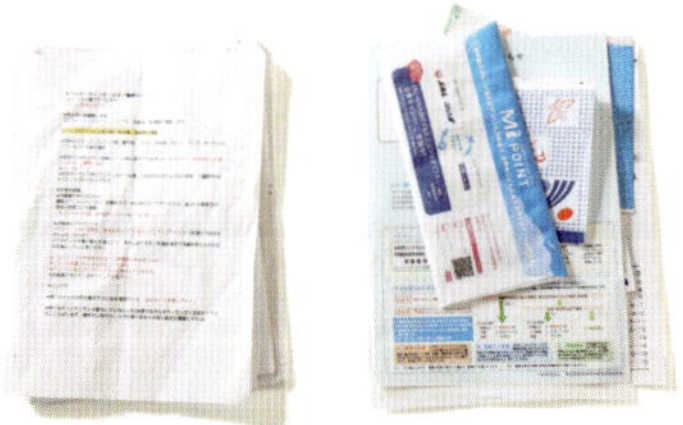

必要なモノと不要なモノを仕分ける

「取っておくべきモノ」と「処分するべきモノ」を判断して、分けます。

インデックスをつけてわかりやすく収納

種類や用途ごとにファイルケースに収納。何のファイルかわかるようにインデックスを。

書類の整理収納は 基本を押さえればカンタン

普通のモノの整理は、ひと目見ればそれがどのようなモノなのかがわかります。ですが、書類の場合は、内容を読まなければならないので、とても時間がかかります。実は書類は、一時置きしてしまうモノのナンバーワン。そんなにスペースを圧迫しないので、ついついテーブルの上やちょっとしたすき間にポイッと置いてしまいがちです。気づいたときには大変な量になり、書類整理で頭を悩ますことになります。

　だからこそ、書類は家に入り込んだら、すぐに仕分けられる仕組みをつくっておくことが大事です。仕組みをつくり上げるまでは大変かもしれませんが、一度つくり上げてしまえば書類整理に悩むことも、時間をかけることもなくなります。

「アイテム別に見やすく&わかりやすく収納」

同じ紙類でも、管理しやすい収納方法はそれぞれです。その書類を実際に見るとき、どんな収納方法だったら見やすいかを考えると、適した収納グッズや収納方法が見えてきます。

取扱説明書は場所別に

2穴ファイルに保存。キッチンのファイルにはオーブンレンジや冷蔵庫の取扱説明書というように、場所ごとに分けておくと便利。

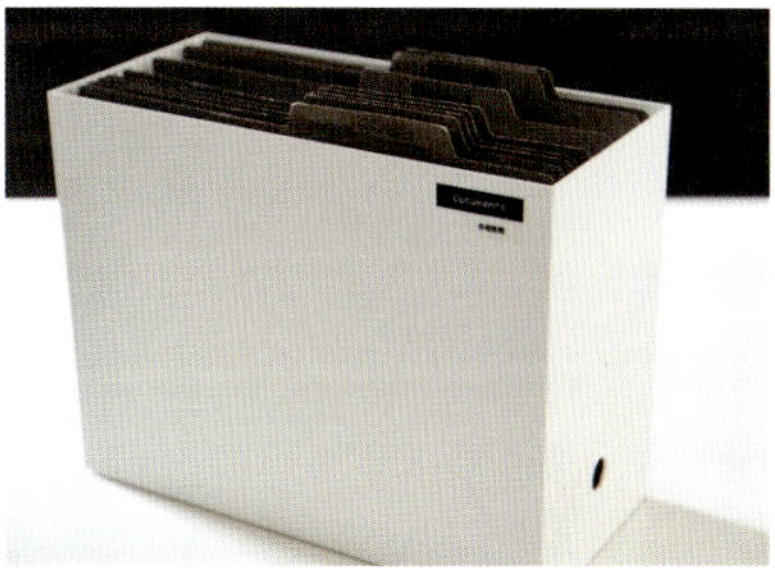

テーマごとにインデックスを

定期的に送られてくる「ねんきん定期便」や健康診断のお知らせなどは個別フォルダーに。細かく分けておくことで、迷わず仕分けてファイリング。

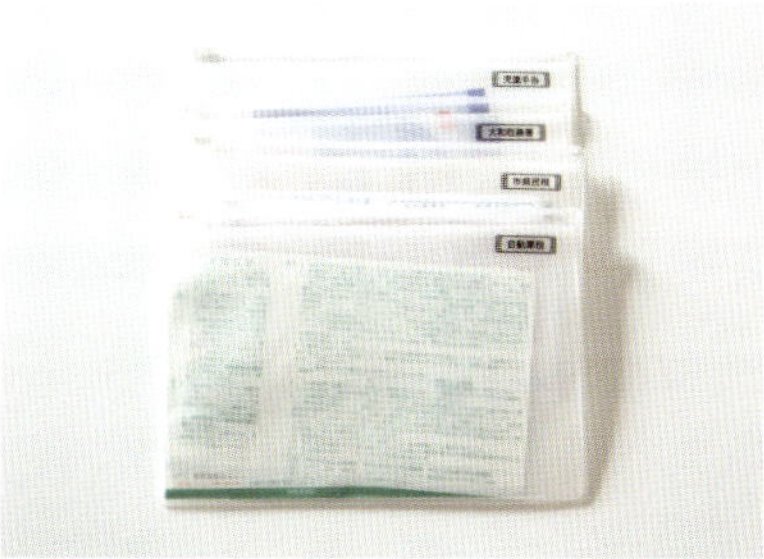

ハガキサイズはケース分け

納税通知書などハガキサイズのモノは、大きなサイズと一緒にすると探すのが大変。用途ごとにケース分けすれば、必要なモノがすぐ見つかります。

プリントは2穴ファイルに

学校関係のプリントは保護者用と子ども用に分けて2穴ファイルで管理。不要になったモノは破いて処分。学期ごとに見直して残すモノを厳選。

雑誌の切り抜きをファイリング

雑誌はお気に入りのページだけを切り取ってファイリング。スリム化して保存して、本棚からあふれない工夫を。

仕事グッズはテーブルに 座ったままで手が届く場所に

私は、自宅で仕事をすることが多く、原稿の執筆や、整理収納作業の計画書の作成、講座や講演の資料づくりなど、さまざまな仕事をダイニングテーブルでしています。この場所なら家事の合間や子どもを見ながら仕事ができるからです。

スケール、電卓、封筒など仕事内容によって必要になるモノが違いますが、その度に席を立っていたら、集中力が落ちてしまいます。取りに行く時間すらムダにしたくないという気持ちもあります。必要なモノをすべて座りながら手に取れる場所に配置することで、限られた時間の中で効率よく、仕事をこなすことができます。このシェルフ収納は、私の仕事効率を確実に上げてくれる心強い味方です。

仕事関係の書類は「1仕事＝1ファイル」でわかりやすく

ひと言に整理収納の仕事といっても、内容はさまざまです。1つ1つを混同しないように、1仕事＝1ファイルで、必ずインデックスをつけるようにしています。こうすることで、自分が今請け負ってる仕事の量も把握できます。さらに、仕事量に合わせてスケジュールを組むことにも役立っています。

仕事用にはたくさん入って丈夫なトートバッグを愛用

以前は、パソコンを含めて、自分が持ち歩くモノすべての重量に耐えられるバッグを持っていなかったので、バッグを2つに分けていました。2つのバッグを持っての移動はとても大変で、特に雨が降ったときに傘をさして歩くのは大変でした。

サイズや強度などいろいろ調べて選択したのがトートバッグ。出先での仕事に必要なモノがすべて入ります。デニムが多い私のファッションにもマッチして、気に入っています。

A. パソコン
外出先のちょっとした空き時間を利用して仕事ができます。

B. 化粧ポーチ
セミナーや講演前にササッと化粧直しできる必要最小限のモノを持ち歩きます。

C. スケジュール帳
小さめのスケジュール帳ならかさばりません。

D. パソコンの充電器など
バッテリー切れ対策も万全です。

E. タオルハンカチ
タオル地の方が吸水性があって便利。

F. ペンケース
手帳にスケジュールを書いたり、勉強をするときのために。

G. 財布
姉がプレゼントしてくれたストラップつきのお財布。

[バッグの中身ぜ～んぶ見せます]

H. マスク

I. こすって消せるペン
何度でも修正できて便利。書きやすさも気に入っています。

J. 電卓

K. 名刺入れ

L. バッグINバッグ
毎日持ち歩くモノは無印良品のバッグINバッグにまとめて。バッグを替えた日は、このまま移動。

M. スティックのり
出先で手紙を送ることがあるので、あると便利。

N. 内寸メジャー
BMIのこのメジャーは内寸を正確に測れるスグレものです。

O. 鏡
バッグINバッグの外側ポケットに入れて、すぐに取り出せるようにしています。

P. 歯ブラシ
コンパクトに収納できる無印良品のアイテム。

Q. 洋服ブラシ
セミナーや講演会の前の身だしなみに。

PART 6

収納上手さんのお宅訪問

整理収納を味方につけて、毎日の家事をテキパキと
ラクにこなしている暮らし上手さんのお宅を訪問しました。
私とはまた違った、収納のアイデア、家事の段取り、
暮らしの知恵が満載で、新しい発見がいっぱい。
家事をラクにする工夫はまだまだあります。

Panasonic

わんぱく盛りの男の子3人でもスッキリ暮らす家

根本美穂さん

DATA
家族構成…夫、子ども（長男9歳、二男7歳、三男5歳）
間取り…4SLDK、築2年

使いやすさと美しさが両立するキッチン収納

食べ盛りの男の子3人の食事づくりに追われる根本さんですが、キッチンはご覧の通り、驚くほどスッキリ！　どこを見ても出しっぱなしのモノがなく、〝隠す収納〟を徹底しています。

収納にゆとりがあり、大好きなインテリアを飾る空間として活用していることが素敵だなと思いました。スペースに空きがあると「もったいないから何か置かなきゃ」と目いっぱい埋めてしまう方が多いのですが、その空間を「心のゆとり」として活用しているお手本です。

シンクまわり

シンク磨きはクエン酸スプレーで

水アカやカルキ成分を分解する働きのあるクエン酸水をシュッ！ 消臭・除菌にも。

キッチンのお掃除グッズは立てて収納

洗剤、スポンジ、ブラシ、ゴミ袋などをストックと一緒に。上から見て、ひと目でわかります。

水筒は突っ張り棒で転がり防止

引き出しに突っ張り棒をつけるだけで、水筒を寝かして収納しても転がりません。

出しっぱなしのモノがなく、調理台がいつも片づいているから、すぐに調理にかかれます。

コンロ下

キッチンペーパーはコンロ下のスパイスラックにIN

吊るす収納が多いキッチンペーパーですが、吊戸棚がないのでここに。引き出しを開けるだけですぐ取れます。

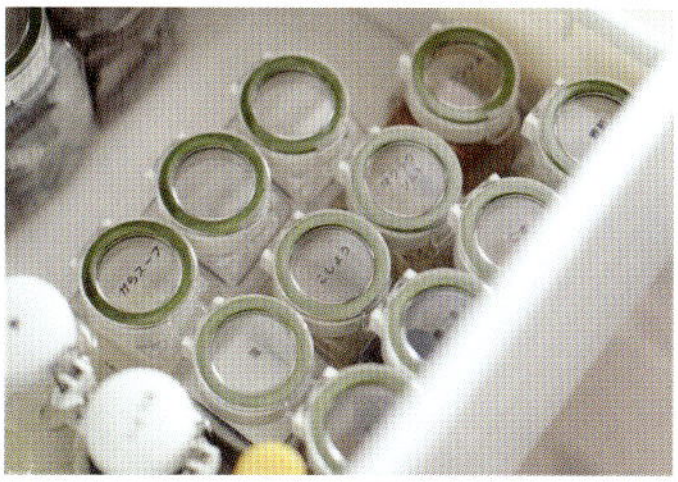

フタにラベリングなら上から全部見える

上から見て、必要な調味料がパッとわかります。四角い容器だからすき間なく並びます。

調理台下

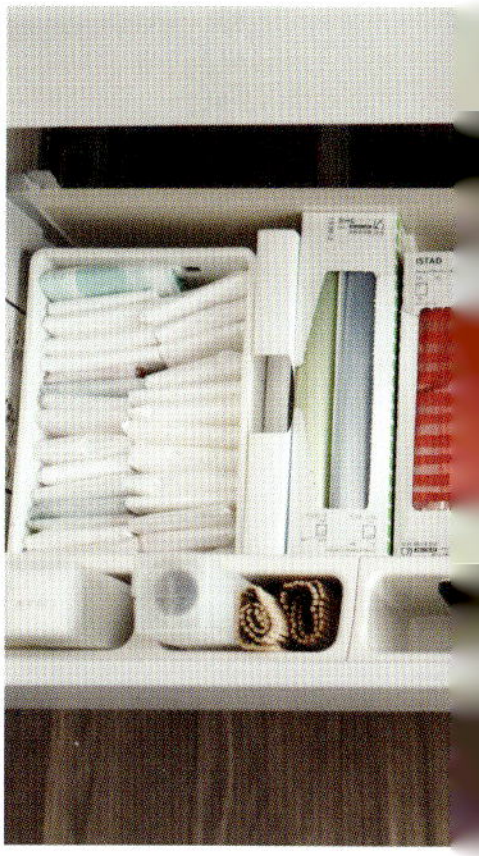

食器棚

お気に入りだけを飾るように収納する

モノを厳選して棚1段分をインテリアに使う

手が届きにくい最上段は、あえて食器を置かずにディスプレイ空間に。食器が少ないからこそできることです。

食器棚は左側に食器、右側に調理家電などを収納。5人家族で手持ちの食器はこれだけです。

5人家族でもデーリーユースはこれだけ

食器と棚板との間に手が入る空間をつくって、取りやすく、しまいやすくしているのは、収納のお手本です。

こだわりのある食器しか持たない

北欧系のグッズが好きな根本さん。お気に入りのカップだけを持ち、飾るように収納します。

子どもの食器は手の届く位置に

子ども食器は低い段に。手前を空けているのも、お子さんが出し入れしやすい工夫。自然にお手伝いしてくれように。

―パントリー―食材収納だけにこだわらない自由な使い方

食材だけではなく、キッチンやリビングで使う細々としたモノも収納。

1アイテム＝1BOXで探し物なし

紙ナプキンやキッチンタオルなどを、ラベリングしたボックスに収納。取り出すときも、しまうときも、迷いません。

パントリーの一角を主婦コーナーに

家事の合間に家計簿をつけたり、スケジュールを確認するコーナーがあると、家事がラクになります。

死角にコードレス掃除機が待機

調理や食事の後、床の汚れが気になったらサッと使えるようにここに。リビング＆ダイニングからは見えません。

冷蔵庫

回転が速くても在庫がひと目でチェックできる

アイテム別に
カゴ分け
手前と奥を使い
分けて手前には
背の低いモノを

透明容器なら横から見て中身がわかる

わざわざフタを開けなくても、ひと目で中身がわかります。食べ忘れを防止できて、ムダにしません。

“使いかけ野菜BOX”で迷子&使い忘れを防止

使いかけの野菜はひとまとめにしてボックスに。ここにあるモノから優先して使うようにします。

最上段に使用頻度の低いモノを
空きスペースをつくる
スペースに余裕があるから卵が2パック入る
よく使う調味料はドアポケットに

“ご飯のお供”をひとまとめに

朝食時には、このケースごとテーブルに出します。お弁当をつくるときも、ケースごと出せばいいのでラク。

サラダは朝昼晩の分を一気につくる

夕食時に大量につくり、朝食、ママのランチで食べ切ります。朝は保存容器のままテーブルに出します。

自家製冷食はブックエンドで立てる

ブックエンドを使えば、スッキリ立ちます。冷凍室なので、冷えやすい金属製のブックエンドを使用します。

毎日、バタバタだからこそ サッと片づく仕組みに

男の子3人の子育てに追われ、ご自身もパートで働いているのに、リビング＆ダイニングは居心地よく整っています。散らかっても、すぐにこの状態に戻る理由は、はたき1つでも、モノの定位置が決まっているから。そして、その定位置をお子さんたちを含めて、家族みんなで共有していることにあります。

必要なモノを手が届きやすい場所に配置しているのもポイント。しかも、その置き方が雑然ではなく、どれもインテリアショップで展示されているかのよう。お子さんが描

黒と白をベースカラーに、グリーンを刺し色にしたシックな雰囲気。気持ちが和むリビングです。

いた可愛らしい絵も、素敵なインテリアになっています。「見せる」と「隠す」の使い分けが、とても上手な根本さん。収納センスの高さにいい刺激を受けました。

リビング

ポイポイ入れるだけだから3分でお片づけ終了

リビング横にキッズスペースをつくり、リビングで遊ぶおもちゃはここに。ブロックとその他に分けるだけなので片づけも簡単。

ティッシュは吊るせば場所をとらない

ダイニングテーブル横のカウンターにフックをつけて引っかけ収納。食事中に取りやすくて便利。

“この位置”と決めればケースなしでもOK

「リモコンと新聞を置くのは、テレビ台の一番端」と決めているので、家族も自然とそこに戻してくれます。

ブランケットはソファ横で出しっぱなしを防止

ソファでうとうとしたときやテレビを観ながら使うブランケットはここ。使う場所の近くに収納場所を確保しています。

クロゼット

階段横のオープンスペースをクロゼットに

約3畳の空間をオープンクロゼットに。ハンガーラック、ボックス、オープン棚を上手に組み合わせています。

ショップのようなディスプレイ収納

アイテム別に分けて、手持ちの服を把握しやすい収納に。ショップで服を選んでいるようなワクワク感も。

玄関

靴箱の上にご主人専用トレイ

このトレイのおかげで、あちこちのポイ置きを防げます。ご主人の忘れ物防止にも役立ちそうです。

子どもの靴は1人＝1段が基本

子どもは成長が早くてすぐにサイズアウトするので、「1段分で十分」とのこと。最下段がご主人の普段用。

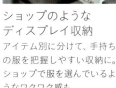

グッズにこだわって家事テンションを上げる

まるでハウススタジオのようなスタイリッシュな洗面所。スッキリ見えるのは、洗剤容器から洗濯カゴにいたるまで徹底的に「白」にこだわり、統一感を持たせているから。「本当に必要なモノ、本当に心から気に入ったモノだけを持つ」、そんな根本さんのこだわりがギュッと詰まった洗面所は、「美しさ」だけではなく「機能性」も兼ね備えた素敵なアイデアが満載。毎日の家事が楽しくなりそうです。

左側は根本さん、右側はご主人、真ん中は家族のモノ。5人家族でもモノを厳選すれば、こんなにスッキリ！

鏡裏に洗面所の“ついで”掃除グッズをスタンバイ

水で薄めた住居用洗剤をスプレーボトルに。使ったスポンジはピンチで挟んで、洗面所に干します。

男の子の頑固な汚れはつけおき洗いで解決

夜、寝る前につけおきします。一晩つけて、翌朝、洗濯機に放り込めば、もみ洗いしなくてもラクに汚れが落ちます。

お気に入りのはたきで毎日、パタパタ

よく使うので出しっぱなしでもOKのおしゃれなデザインに。使うとテンションが上がるモノをチョイス。

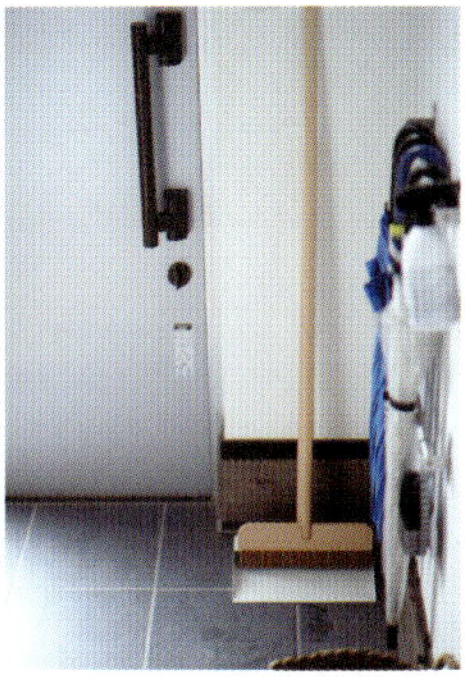

朝、家族を送り出したついでに玄関掃除

玄関にデッキブラシとちりとりをセット。家族を送り出したついでに掃除すれば、面倒に感じません。

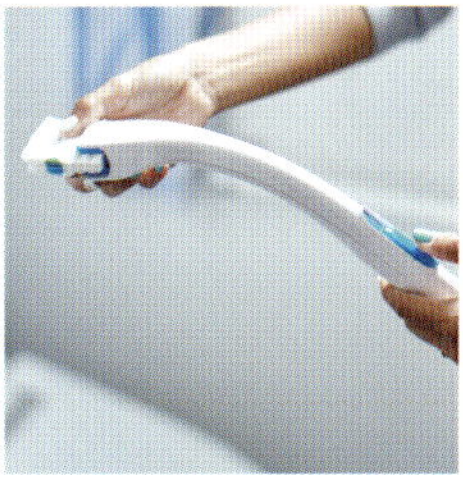

トイレ掃除は使い捨てグッズを活用

掃除した後のトイレブラシの管理は面倒なもの。使い捨てシートなら、トイレに流せてラクです。

動線を とことん考えた 15坪・3階建ての家

整理収納アドバイザー 加藤ちえさん

DATA
家族構成…夫、子ども（長女20代、二女15歳）
間取り…3LDK、築6年

自宅でパン教室を開いても、モノが多くても、ここまで片づく

加藤さんは、自宅でパン教室を開いています。一般家庭よりも多くのモノがあるにもかかわらず、収納を増やすことなく、スッキリと収めている点にレベルの高さを感じます。効率よく作業できるだけではなく、来客が多いので、見た目の美しさにも配慮している点がお見事。加藤さんいわく「〝見せる〟ではなく、〝魅せる〟収納」とのことです。

モノを戻す位置がわかるようにラベリングしているのは、収納が苦手なお子さんのためというお話を聞きました。加藤さんのキッチン収納には、家族や生徒さんたちへの愛がちりばめられています。

平日はほぼ毎日、パン教室を開いているとは思えないスッキリ感。「調理中の動線が最短になるように工夫しました」とのこと。

コンロ下

ファイルボックスは手前を高くするとラクに届く

ファイルボックスは手前が高くなる向きに置くと、鍋やフライパンの取っ手が上がり、かがむ角度が緩やかになります。

定位置をラベリング

どの位置に、どの鍋やフライパンを置くかが一目瞭然。引き出しの右側に立って調理するので、右→左に使用頻度の高い順に並べます。

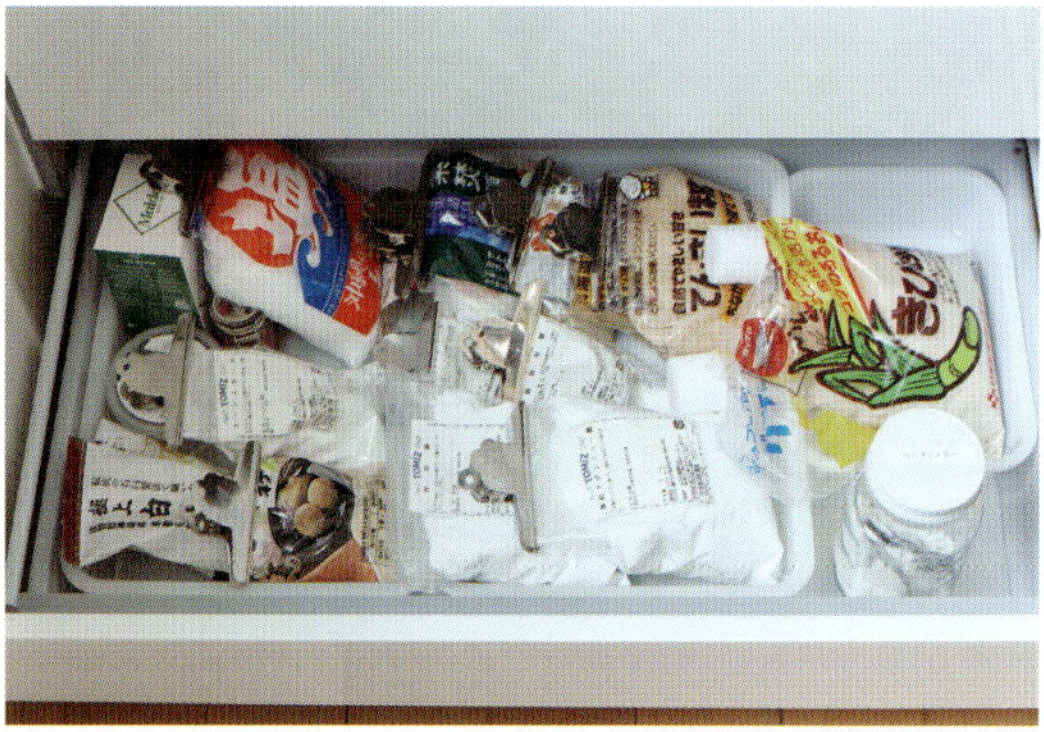

斜めに立てて賞味期限を見やすく

詰め替えずにパッケージのまま使用。斜めに立てることで、パッケージに表示された賞味期限が上から見えます。

シンク上

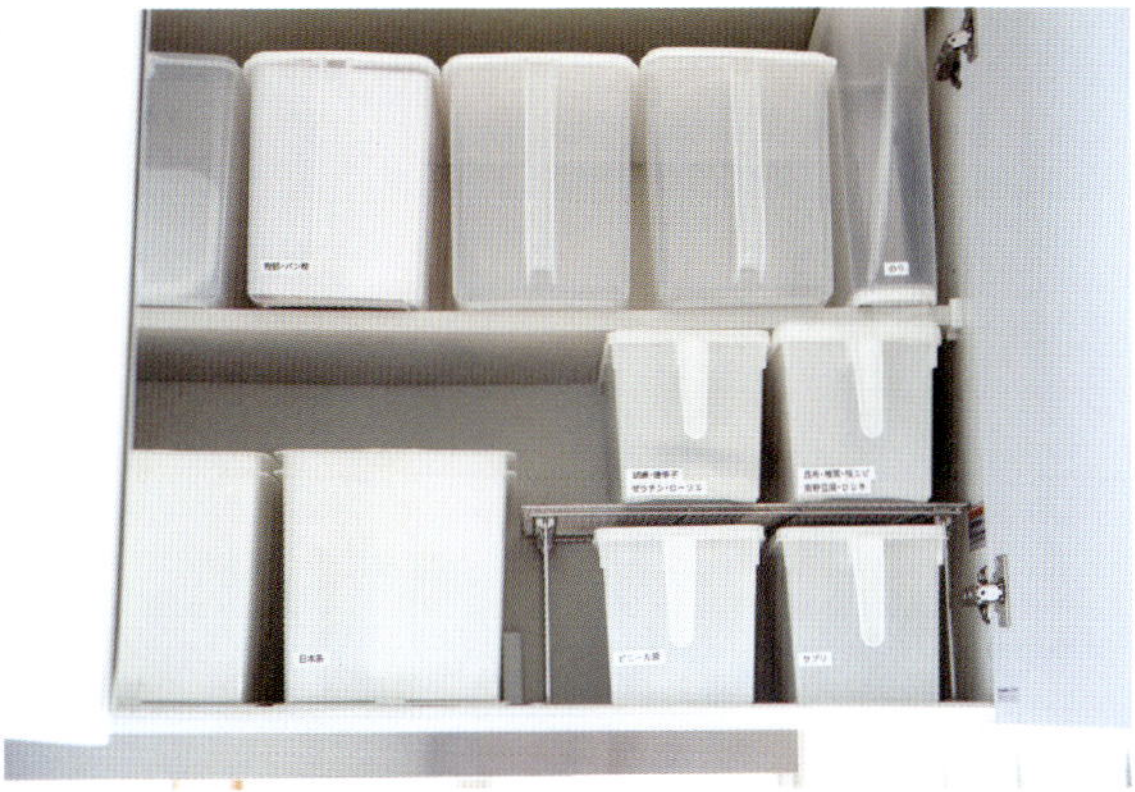

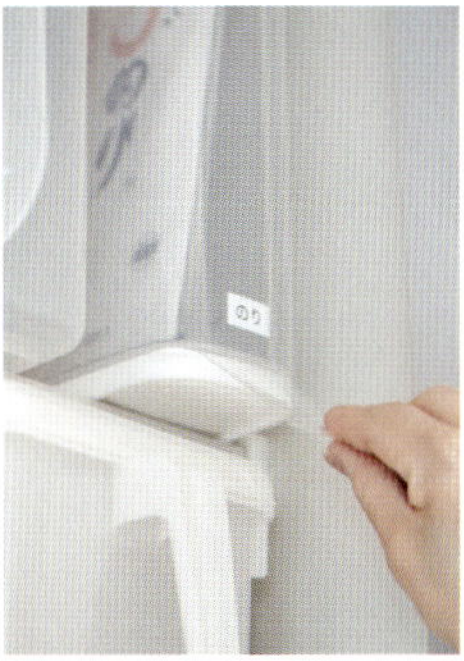

取っ手なしはテープでひと工夫

取っ手のない容器は、底にテープを貼ります。テープを引っ張れば引き出せるアイデア。

高い位置の収納グッズは取っ手つきがお約束

指先が取っ手に届けば引き出せます。シンク上の最上段までムダなく活用。

ハンドソープに「手」で家族が迷わない

似たような容器に入った食器用洗剤と並んで置いてあっても、家族も、パン教室の生徒さんも迷いません。

シンク下

持ち上げた場所にラベリングすると定位置に戻したくなる

これなら、家族が使っても自然と元の位置に戻ります。家族にもやさしい収納です。

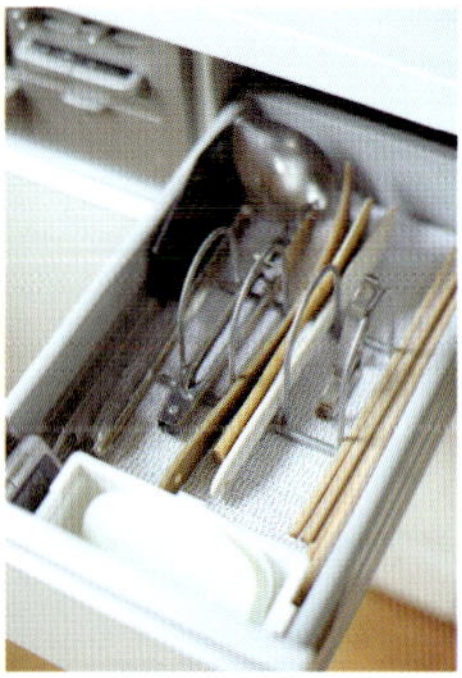

レードル類は
シンプルに仕切る

仕切りに100円のまな板スタンドを使っているのが新鮮。スタンドなら、いくつもケースを買わなくてすみます。

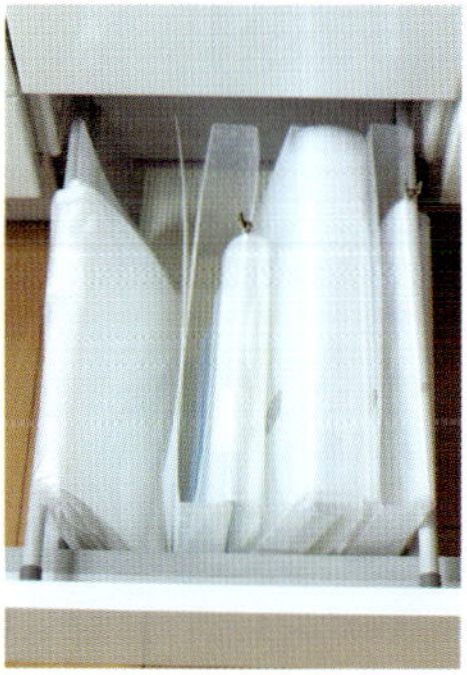

ビニール袋は
CDファイルの
縁にかける収納

市販のストッカーよりもサッと取れそう。袋がズレないようにピンチで抑える工夫も。

スッキリ見せたいから
輪ゴムは白を選ぶ

出しっぱなしにするモノは、色をそろえて統一感を大事に。たとえ輪ゴムでも妥協しません。

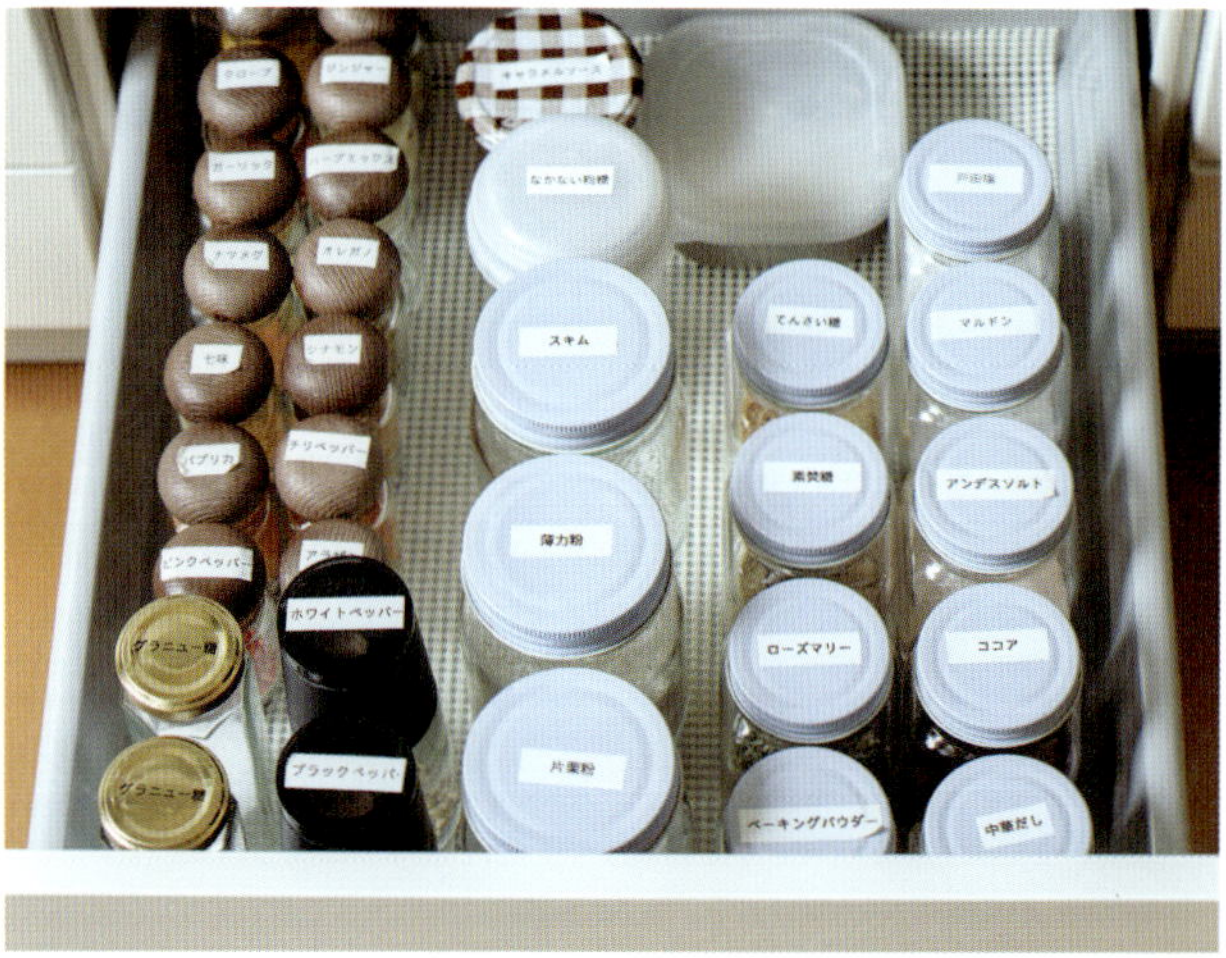

パン教室で使うスパイス類も整然と

上から見てわかるようにフタにラベリング。引き出しを閉めれば見えないので、ここは容器を統一しなくてもよし。

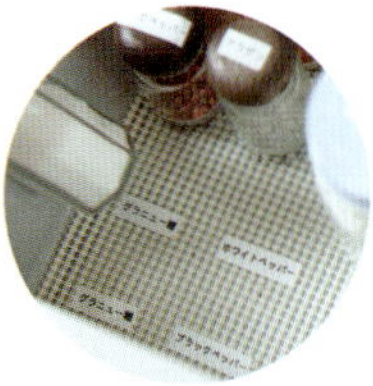

引き出しの底面に
ラベルで誰が使っ
ても元に戻せる

鍋類の収納と同じように、ここでも引き出しの底面にラベリング。迷わず戻せて、ストレスがありません。

食器棚

大人数の来客でも慌てない収納力

たくさんの食器を収納できる工夫がいろいろ。上段の奥を死蔵しないように引き出しボックスを利用。

朝食用を右側に集めて朝は片側だけ開ける

朝は右側を開けっぱなしに。家族がそれぞれ、セルフサービスで食器を取り出すようにしています。

滑り止めシートを敷いて大量の食器をガチャ[2]させない

食器の位置がズレず、仕切りケースを使うよりも多くの食器を収納することができます。

ワイングラスはコの字ラックで転倒防止

加藤さんのお宅はグラス類も多数。「コの字ラックにこんな使い方があったのか！」と目からウロコのアイデアです。

キャスターつき棚ですき間をフル活用

最初は食材を置いていましたが、冷蔵庫横は熱がこもるので、パン教室で使用する道具類などを収納。

―冷蔵庫―

冷蔵室はスカスカ、冷凍室はビッシリで効率よく

パン教室の材料が入る空間を常に確保

ほぼ毎日のようにパン教室があるので、冷蔵室はその材料を入れるスペースをいつも空けています。ホールケーキもラクに入ります。

リビングから見えるドアポケットは目隠しを

見た目があまりよくないので、製パン用の酵母を入れたビンなどが入っている上段は、緩衝材シートで隠します。

腰高にビニール袋で最小限の動きで取れる

引き出しを開ける手間も惜しいときは、この場所、この位置に吊るしたビニール袋が活躍します。

アイテム別にざっくり仕切る

加藤さんのお宅では、冷凍室が食材ストックに大活躍。肉、ゆで野菜、おかずの素、製パン用などに分類。

マイ冷食で夕食づくりを先取り

シチューなどを多めにつくって冷凍。2週間で食べ切ります。忙しい日の夕食づくりも、これがあれば慌てません。

夕食づくりのついでにお弁当用の“包丁作業”をする

毎朝、家族4人分のお弁当をつくっているので、前夜のうちに材料を切っておきます。朝は調理するだけ。

詰め込む収納から片づけやすく使いやすい収納に

子ども部屋

限られた間取りだからこそ
1部屋を2部屋風に

机とカラーボックスを仕切りにして、長女さんと二女さんの部屋に。私物はカラーボックスに入る分だけ。

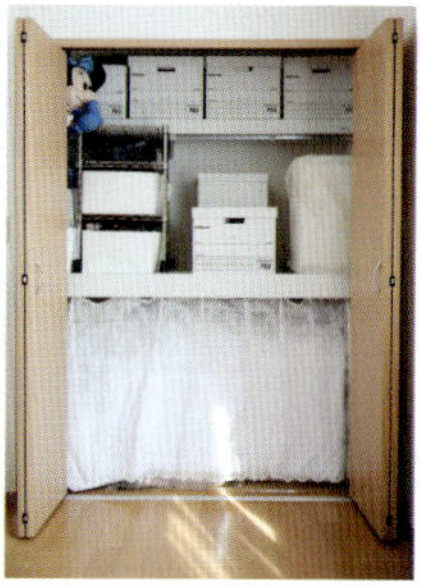

子ども部屋の
大型クロゼットを
家族用収納に

本来なら子どもたち用のクロゼットになるところを、来客用布団や季節家電を収納することで、家全体の収納をカバーしています。

引っかけ収納で
ポイ置きを防止

片づけが苦手な長女さんのために考案した引っかけ収納。バッグを直置きしなくなったおかげで、掃除機がけがラクに。

加藤さんは、ご主人の転勤で8回の引っ越しを経験したのち、6年前に現在のマイホームに。「15坪のこの家では収納が限られているから、ただ詰め込むだけではダメでした」。そこで、収納を根本的に見直したそうです。

「家事をラクにする近道は、今使っているモノを厳選すること。そして、よく使うモノは〝特等席〟に。すると家族も使いやすく、片づけやすくなるので、自分で出し入れしてくれるようになるんです」と加藤さん。その考え方に強く共感しました。

洗面所

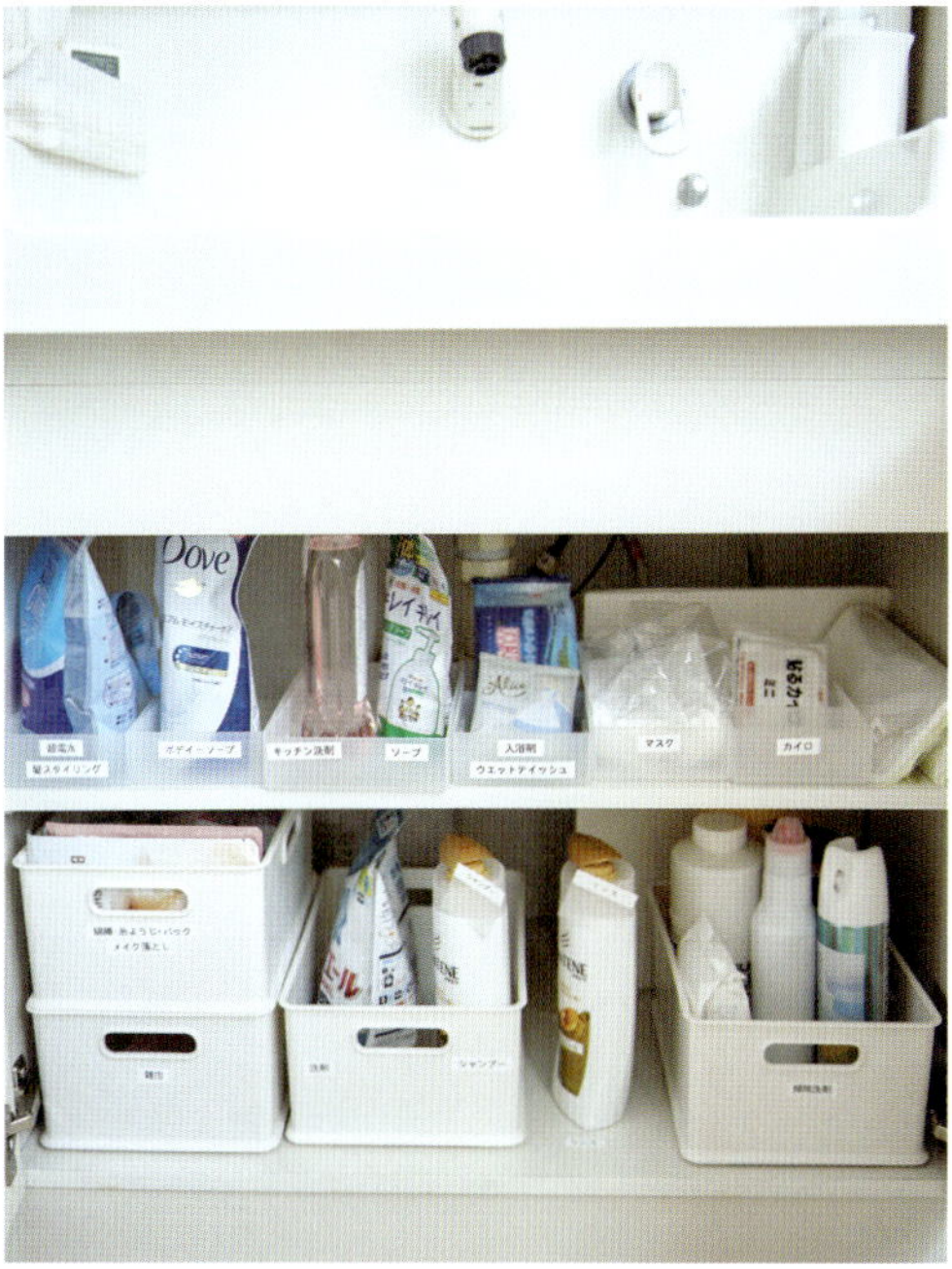

テープでストック切れをお知らせ

最後に使った人がストックに貼ったラベリングを鏡に貼るのがルール。これでストック切れの買い忘れがありません。

ストックはラベリングでわかりやすく。奥まで詰め込まず、手前だけを使用。

リビング

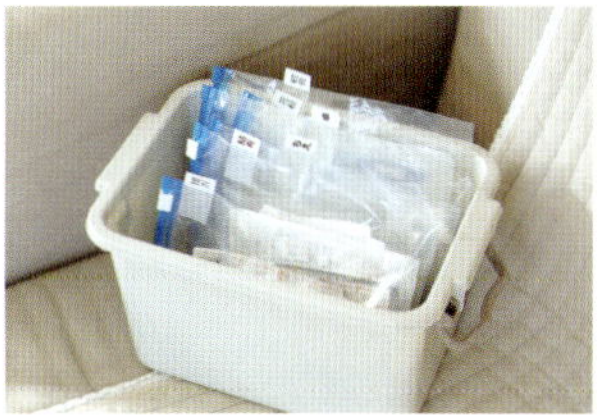

処方薬は人別に

病院で処方される薬は、人別にして保存袋に。中身は各自が管理する決まりです。

家族がリビングで使うモノをリビングの隅っこに集結

常備薬、書類、ティッシュのストックなどを。使う場所の近くに収納をつくり、出し入れしやすく。

各部屋にたんすを置かず、1階の約6畳分の部屋に家族全員の衣類まわりのモノを集結。

家族全員の衣類を 1部屋に集結させて管理をラクに

加藤さんのお宅は3階建て。家事をラクにするには、家事動線がとても重要です。一番工夫されているのが洗濯動線。1階の洗面所で洗濯機をまわして、3階のベランダで干して、取り込んだ洗濯物を各部屋にしまうのは大変です。

そこで「1階の1部屋を家族全員分の衣装部屋にしました」とのこと。私には思いつかない発想です。私は普段から「整理収納本通りにすることが正解ではない」とお伝えしています。家事動線や家族のライフスタイルを考慮した加藤さんに「加藤家の整理収納レシピ」を見せていただきました。

家族全員分の衣装部屋をつくる

家族みんながここで外出前と帰宅後に着替えるので、他の部屋に脱ぎっぱなしの服が散らかることがありません。

ここで身支度するから アクセサリーはたんす裏

朝、出かける前に洋服に合わせてコーディネートして、帰宅後は着替えるついでに、ここにかければOK。

アイロン待ちの服は 上段に

アイロンがけもこの部屋で。下段のアイロンがけずみのシャツと混同しないように、上・下段で分けます。

各自の服の 一時置きをつくる

外出前に脱いだ部屋着はたんすの上のカラーボックスに。1人＝1仕切りで、自分のモノは自分で管理。

「洗う」から「しまう」まで
階段移動なしですむ洗濯プロセス

1階の1部屋を家族全員分の衣装部屋にしただけではなく、
この部屋に洗濯物を干して、除湿器をかけて乾かします。洗濯機で洗う→干す→
取り込んでたたむ→たんすにしまうが、最短の移動で完了します。

洗面所から衣装部屋に平行移動

1階に置いてある洗濯機から取り出した洗濯物を持って、数歩だけ平行移動して衣装部屋へ。

そのまま衣装部屋に干す

天井からぶら下げた物干し竿に干します。部屋の対角線に竿を渡して、竿を長く使えるように。

除湿器をつけて部屋干しする

除湿器をフル回転させて、洗濯物を乾かします。

取り込んでたたむ

洗濯物が乾いたら、床にシートを敷いて、その上に取り込んだ洗濯物を置いてたたみます。

その場でしまう

あちこちの部屋をまわらなくても、この部屋だけで家族全員分の洗濯物がしまえます。

2階はリビング、ダイニング、キッチンが一直線に。広さは約17畳分。

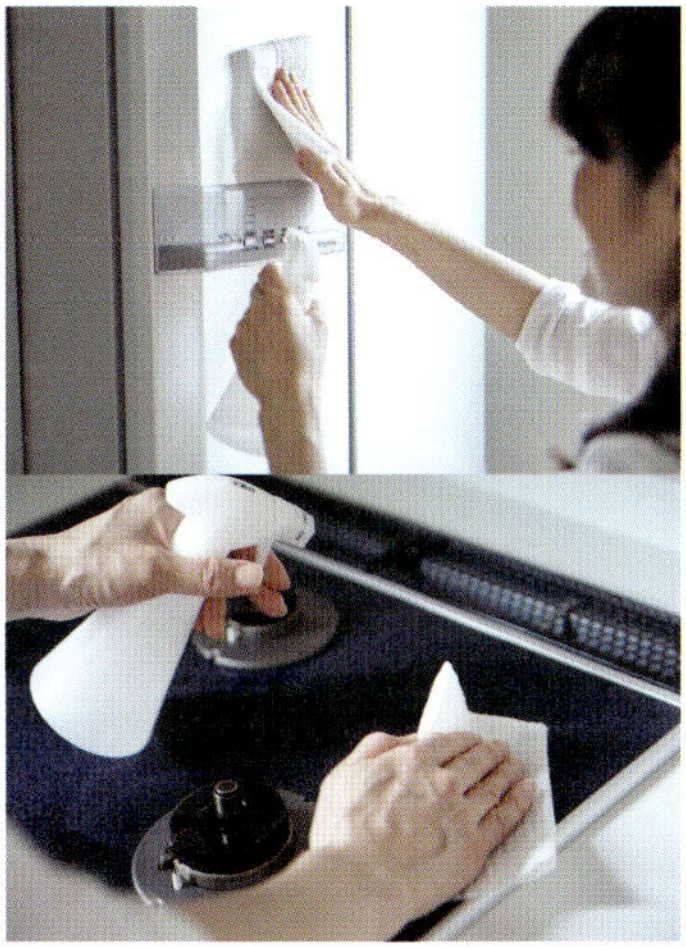

超電水で冷蔵庫の扉もコンロもみんなスッキリ

あれこれ洗剤を持たなくても、油汚れや皮脂汚れはこれ1つできれいになります。

階段はハンディ掃除機で

充電式のハンディ掃除機ならコンセントの差し替えもなく、軽くて持ち運びもラク。

椅子を上げて掃除機を一気にかける

朝食が終わったら、椅子をテーブルに乗せます。どかすモノがないから、掃除機がけが一気に終了。

モノを最小限にして
家事をシンプルにする家

整理収納コンサルタント　鷹野由紀さん

DATA
家族構成…夫、子ども（長女9歳、長男5歳）
間取り…3LDK、築16年（居住期間4年）

あると便利なモノは
なくても平気を実践する

持ち物を最小限にすることで収納に悩まず、台所仕事をラクにしていること、そして、コンロまわりに、よく使う調理道具を出しっぱなしにすることで、家事効率を上げていることが素晴らしいなと思いました。

私は、鍋やフライパンは存在感があり過ぎると感じて、引き出しに収納していますが、こんなふうに小柄で可愛らしい調理道具なら、出しっぱなしでも、素敵な空間になるという発見がありました。

整理収納は、本当に人それぞれで、楽しみ方もいろいろ。使う人の想いが詰まっていて、素敵だなと改めて感じました。

白いタイルの壁を背景にして、飾るように配置されたキッチングッズ。鷹野さんの洗練されたセンスが感じられます。

コンロまわり

よく使うモノは出しっぱなし収納

毎日のように使うモノはしまい込まずに、あえて出しっぱなしに。手前の花柄の容器はゴミ箱。

コンロ下に食材ストック

食材のストックはこれだけ。量が少ないので、カゴ分けしなくても必要なモノが見つかります。

シンクまわり

シンク下はモノを置かない

「湿気が多いので、あまりモノを置きたくない」とのことでガラガラ。

吊り戸棚に調味料類を横1列に並べる

奥と手前の2列にすると、奥のモノが取りにくくなるので1列で並ぶ数しか持ちません。

食器棚

「好きな食器で食事をしたい」と思ったらこれだけに

家族用も来客用もここにあるだけ

「量は少ないですが、1つ1つにこだわりがある食器でいただく食事はおいしいです」と鷹野さん。

同じ種類は“縦1列並べ”で

2客ずつでも縦1列に並べて、全種類が出し入れしやすく。見た目もスッキリします。

調理台下

スカスカだから仕切る手間も不要

1段目だけはトレイで仕切っていますが、その他の段はモノが少ないから仕切らなくても整然。

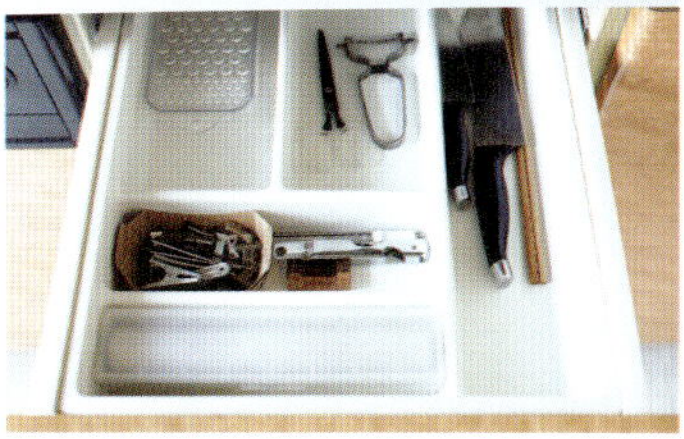

一冷蔵庫一

スーパーを食材ストック庫と考えて、家の冷蔵庫は最小限の保存でOK

ちょこちょこ買い物で容量260ℓでもパンパンにしない

「何かの本に『冷蔵庫は食材を保存するためのものではなく、おいしく冷やす場所』と書いてあるのを読んで、なるほどと思ったんです」と鷹野さん。少しずつ買って回転をよくすれば、消費期限を気にすることもありません。

仕切りは紙袋でも十分

仕切りは、トレイではなく紙袋を活用。スペースに合わせて柔軟に対応でき、古くなったら交換も簡単で衛生的。

肉は50gずつ小分け冷凍が使いやすい

大人ひとり分で50gと考えて料理に使います。子どもは2人で50gが目安です。

夕食も一汁三菜のシンプル献立

主菜は肉か魚を焼く、揚げる、煮るなど調理法を変えます。普段の夕食は凝ったものではなく、一汁三菜の和食が定番。

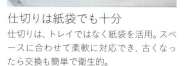

「ママ、お水！」と言われないコップ置き場

コップを冷蔵庫の向かい側の調理台に置き、子どもが自分で冷蔵庫から水を出して飲めるように。

カトラリーは
カウンターの上で
家族が運ぶ

“食堂方式”でビンに立てておけば、このまま家族がダイニングテーブルまで運んでくれます。

ちょこちょこ洗えば食洗機不要

以前は食洗機を使っていましたが、壊れたのを機に処分。「必要なモノだと思っていたけど、なくても困らないと気づきました」とのこと。

すぐ拭けば洗剤不要

コンロまわりの油の飛びはねは、乾いて酸化する前に、水スプレーをしてティッシュで拭き取ります。床も水拭きでOK。

スペースがあると、つい飾り過ぎてしまいますが厳選した方がグンと映えます。

どこを切り取っても1枚の絵になるように収納する

鷹野さんの収納で感動したことは、空間の使い方がとても上手なこと。ただモノを置いたり、しまったりするのではなく、1枚の絵のような美しさがあります。どのコーナーもアトリエのようで、写真を撮れば素敵な絵ハガキになりそうです。その秘密は、背景の使い方にあると感じました。背景がシンプルだからこそ、モノを置いたときに、素敵に際立って見えるんですね。収納とディスプレイが見事に両立しています。

私の家でも、今後、何かを飾るときは、鷹野さんの空間使いを参考にさせていただきたいなと思いました。

リビング＆ダイニング

収納の中も見た目にこだわる

通常は扉を閉めているので中は見えないのに、同じ場所に置いている古新聞をまとめるための麻ひもとハサミを飾るように収納。

白壁をキャンバスに見立てる

美術学校で油絵科を専攻した鷹野さんは、キャンバスに絵を描くようにモノを配置します。余白を残すのがコツ。

窓辺に置かれたバスケット…実は中身は書類

バスケットをインテリアとしてだけではなく、実用として活用。絵になる窓辺の風景です。

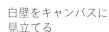

ゆとりのある空間なら家族団欒もゆったりと。家にいる時間が楽しくなります。

文字が並ぶのがイヤだから数字でラベリング

姉弟がリビングで遊ぶおもちゃを収納。「文字だと目立ち過ぎるから」と、それぞれの誕生月の数字でラベリング。

資源ゴミを出しやすく

読み終えた新聞や雑誌を置く場所を決めたことで、ご主人も自然とここに置いてくれるようになったそう。

余計なモノは持たないから、ここも空っぽ

ダイニングとリビングの中間にある収納。便利な位置にあるので、日用雑貨でギュウギュウになりがちなはずがこの状態。

ダイニングの反対側のリビング。本やアルバムはリビングボードの扉の中にしまいスッキリと。

レシートは“わっぱ”の中

カウンターに置かれたわっぱを開けると、中にレシートが。家計簿に記入するまでの一時置き場に。

お絵かきグッズはインテリアに馴染む箱の中

リビングボードの左端に子どものモノを。入れ物を工夫すれば出しっぱなしでもおしゃれ。

仕事グッズを雑貨のように収納する

リビングのテーブルで仕事をするので、仕事グッズはここに。堂々と出しておいても、インテリアに溶け込んでいます。

家族４人分の衣類を１つのクロゼットで管理

下着類とご主人の仕事着以外はここにかける収納。オフシーズンのモノは衣装ケースに入れて、下に収納。衣替えが1カ所ですむのでラクです。

出番の少ない靴はクロゼットに飾る

靴箱のスペースが限られているので、履く機会を選ぶおしゃれな靴は、靴箱ではなく、飾って収納。これなら、出番が少なくても見て楽しめます。

出勤前の着替えがここだけですむご主人用クロゼット

下着以外の通勤に必要な衣類が全部そろっているクロゼット。右側にワイシャツ、左側にスーツと分けて使いやすく。

洗面所

出しっぱなしのモノは最小限に

朝、洗面所を掃除したついでに、ハンドソープなど頻繁に使うモノを残して、あとは反対側の棚にしまいます。

ストックは基本的に持たない主義

洗面台下に日用品のストックを収納。このカゴに入るだけと決め、食材と同じように、余分に買いだめしないから管理がラク。

タオルはこれだけ

ストック用はフェイスタオル6枚、バスタオル3枚だけ。「毎日、洗濯しているので、この枚数あれば十分使いまわせます」。

玄関＆廊下

一時置き場用の“空っぽ収納”をつくる

ご実家から送られてくる食べ物、長期休み前に持ち帰る学用品などイレギュラーなモノを置けるように、廊下の収納は空っぽにして待機。

家の中にゴミ箱が1つだけなら自然とゴミが集まる

分別用以外のゴミ箱を1つだけにして、家族がここに捨てに来るようする工夫。ゴミの日にすることがグンと減ります。

がんばりすぎない〝60点きれい〟でよしとする

「自分がいくらきれい好きでも、家族にそれを求めては楽しく暮らせないし、自分もやりたくないときは、家事をサボってもOK。〝60点きれい〟でいいと思っています」という鷹野さんの考え方に大賛成。ゴミ箱の管理がラクになるように、家のゴミ箱を1つにして、家族みんながそこに捨てに来るなど、自然と手伝ってくれる仕組みをつくっているのもいいですね。家事をラクにする大切なコツだと思いました。

アイロンがけはクリーニングを頼る

苦手なことをムリして頑張ると、それだけで家事の負担が増えます。「苦手なことはプロに任せます」に賛成です。

トレイに乗せれば食べこぼしが気にならない

子どものおやつや食事はトレイごと運んで、食べて、さげます。「こぼさないで！」と言わずにすみます。

トレイに乗せると拭き掃除がラク

うがい薬などはトレイにまとめて、掃除のときはトレイごと移動。トレイが汚れたら、水洗いします。

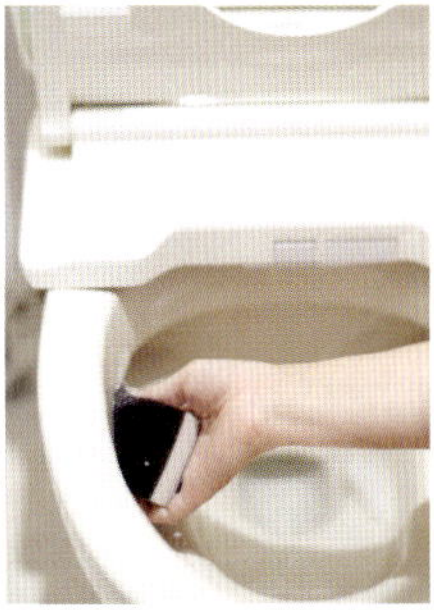

使ったタオルで毎朝拭く

朝、家族が出かけた後、洗面台まわりに飛び散った水気を拭き取ります。それだけで水アカがつくのを防止。

古スポンジで使い捨て掃除

使い古した食器洗い用スポンジで掃除して、そのまま処分。トイレ用ブラシは持ちません。5個100円のスポンジを使用して、こまめに交換。

ホースは床につけずにカビ防止

床についた部分の水はけが悪くなりカビの原因に。シャワーヘッドを高い位置のフックにかけるだけでカビを防止。

お風呂掃除はシャンプーで

風呂用洗剤は持たないとのこと。洗剤の数が少なければ、収納場所を確保する必要も、管理する手間も不要です。

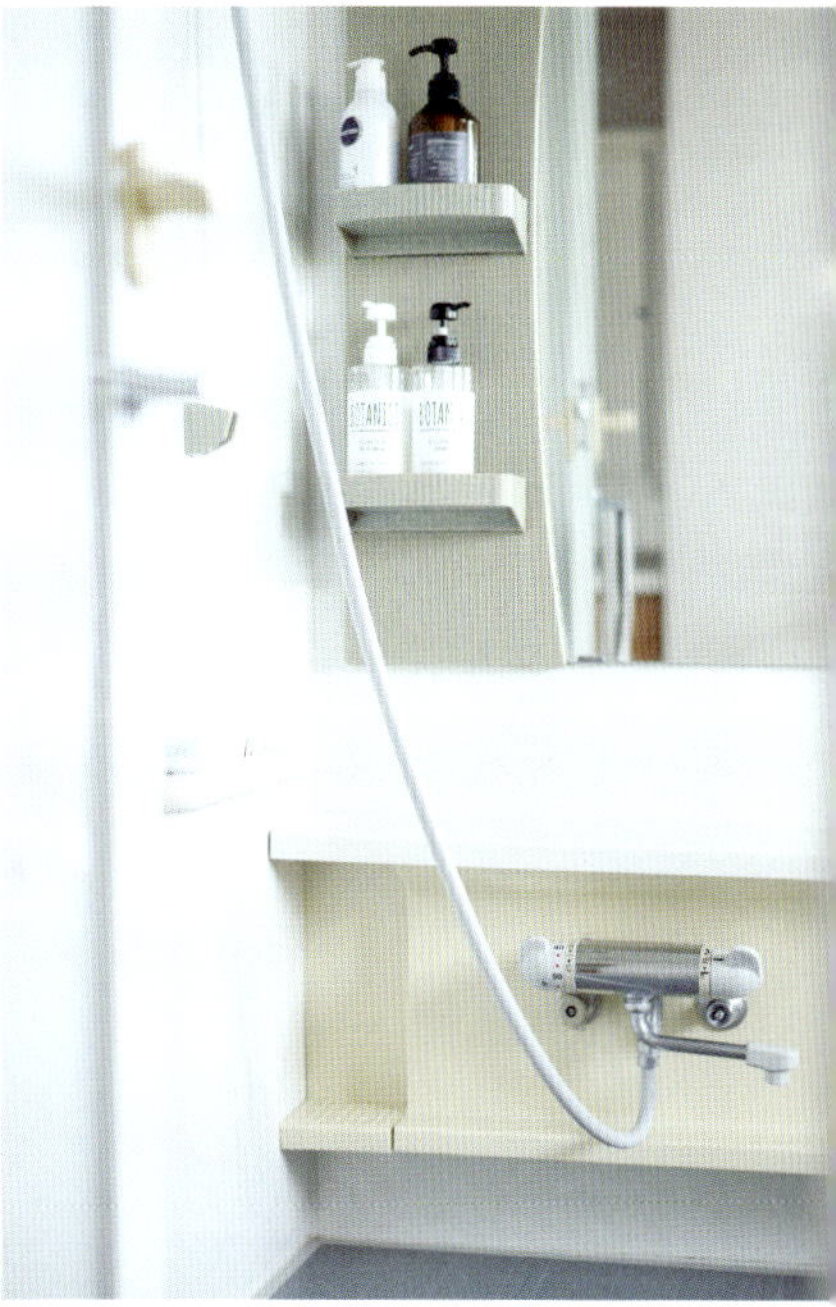

台所仕事をラクにする私の愛用グッズ

私 ■
根本さん ■
加藤さん ■
鷹野さん ■

ブラシ（IKEA） ■
ブッラックカラーとシンプルなデザインがお気に入り。柄のカーブ具合がほどよく、キッチンシンクの掃除に重宝しています。

ソープディスペンサー（サラヤ） ■
お肉をこねた後など、手が汚れた状態で蛇口をさわると掃除が面倒。手をかざすだけで、適量の洗剤が出るのでとても便利です。

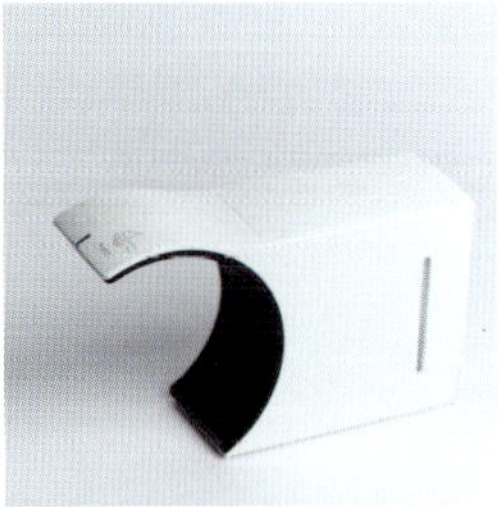

泡だて器（IKEA） ■
色とユニークなデザインにひと目惚れして購入。泡立て部分が変わった形をしていますが、意外とよく泡立ち、使い勝手がいいです。

洗剤＋スポンジ置き（サラサデザイン） ■
コンパクトな上、洗剤入れとスポンジ置きが一体なので、見た目がスッキリ。シンクを掃除するときにも邪魔になりません。

トング ■
炒め物をするときの必需品。開いた状態でも、閉じた状態でも食材を混ぜることができて、ひっくり返すのも、盛りつけもスムーズ。

保存ボトル（フレッシュロック） ■
フタがパカッと開くことと、透明なので引き出しに入れたとき、上から見て中身がわかるのが○。四角だからすき間なく並べることができます。

キッチンエコスタンド（山崎実業） ■
ビニール袋をかけると生ゴミ入れになり、コップや水筒などを伏せると、水切りになります。たたむとコンパクトに収納できて便利です。

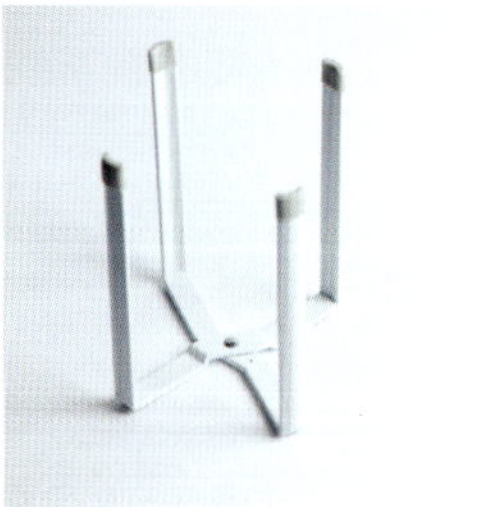

ゴミ袋用ケース（モノトーン） ■
ゴミ袋のサイズごとにケースを分けて、シンク下に立てて収納。「支え板」が入っているので、最後の1枚まで取り出しやすい。

アルミ・ステンレスのトレイ

サイズによって切った野菜を入れたり、子どもの配膳用のトレイにしたり、コップ置きにしたり。軽くて、さびないので使いやすい。

山型クリップ（SONIP）

本来は文房具なのですが、開封した袋モノの密閉に最適。バネが強く、厚手の袋モノもしっかり閉じることができます。デザインもシンプル。

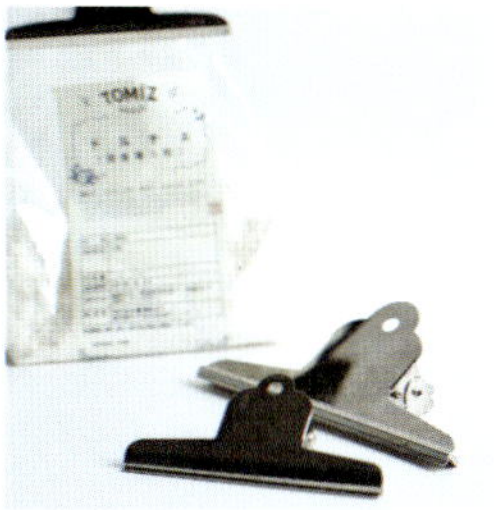

フライ返し（貝印）

薄くて、しなやかな弾力性があるので、食材の下にサッと入り込んで形を崩しません。出しっぱなしでもOKなシンプルなデザイン。

ふきん

古くなったベッドリネンを再利用。布類はシーツ・布団カバー→ふきん→ぞうきん・靴磨き用クロスと使い切るよう心がけています。

フタックル（小久保工業所）

砂糖、塩、粉類などの開封した袋につけると、ワンタッチで密閉できます。保存容器にわざわざ詰め替えなくても、これでOK。

コードレス ハンディブレンダー（ボッシュ）

充電式なので、コンセントが近くになくても、どこでも使えます。ブレンダー部分は取り外しできて、食洗機で洗えます。

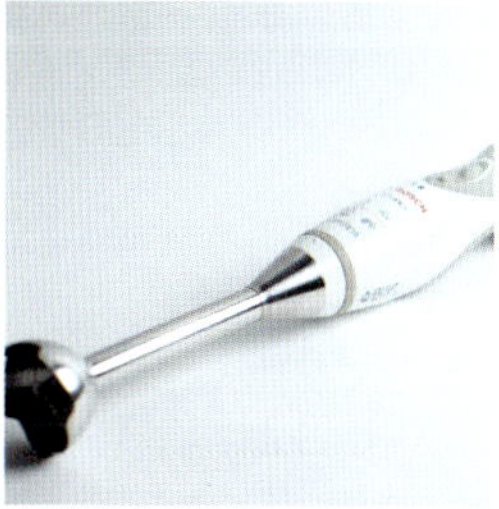

保存用ボトル500mℓ・1000mℓ

フタにパッキンがついているので、乾物や粉類の保存に使うとシケません。砂糖、塩、小麦粉、乾燥昆布、マカロニ、煮干しなどを。

まな板（工房イサド）

硬くて丈夫で、見た目も美しいナラの木のまな板。使うほどに味わいが出る一生モノです。鍋敷きに使うこともあります。

タイマー（貝印）

数字を押して入力するので簡単。操作するのは「スタート」と「ストップ」だけなので、急いでいるときも押し間違いがありません。

片づけをラクにする私の愛用グッズ

私■
根本さん■
加藤さん■
鷹野さん■

テプラ（キングジム）■
書体や絵文字がたくさんあるので、子どもと一緒にラベルづくりを楽しめます。手間なく簡単にラベルがつくれるので大活躍。

ビニールポーチ（ダイソー）■
英字が入った可愛らしいポーチ。マチがあるので、モノが収納しやすくて便利。子どもでも使い勝手のいい大きさです。

ボックス（ニトリ）■
取っ手がついているから、高い場所に置いても引き出せます。積み重ねて使ってもOK。丸洗いできるので衛生的です。

整理ボックス（無印良品）■
引き出しの向きを入れ替えれば、縦にも横にも使用できます。奥行きが浅いので、大きなモノよりも、細かいモノの収納向き。

整理ボックス＆トレー（無印良品）■
引き出し内を仕切るのに大活躍。サイズが豊富なので、アイテムに合わせてサイズを選ぶことができて、組み合わせもしやすい。

引き出しケース（ニトリ）■
文房具など細々したモノを分類収納するのに最適。前面が半透明で中身が見えないので、見た目もスッキリ。インテリアを邪魔しません。

歯ブラシスタンド（無印良品）■
歯ブラシだけはでなく、ペンやカギ、印鑑などにも使えるので、家の至る所で使いまわせます。インテリアとしても飾りたくなるデザインです。

EVAクリアケース（無印良品）■
透明だと中身が見え過ぎて抵抗があるというモノの収納にも使えます。スライド式ジッパーで開け閉めが簡単。子どものモノの収納にも〇。

木箱（HUMPTY DUMPTY）

粗い木材の感じがアンティークっぽくて◎。子どもの色鉛筆入れ、パソコンなどのケーブル隠し、お菓子入れなどに。

ボックス（3コインズ）

取っ手がついているので、棚に置いても取り出しやすい。使用しないときは、折りたたんでコンパクトに収納できます。

ネームランド（カシオ）

電池ではなく、ACアダプターつきでコンセントから電源をとることができます。電池をストックしておく手間が不要です。

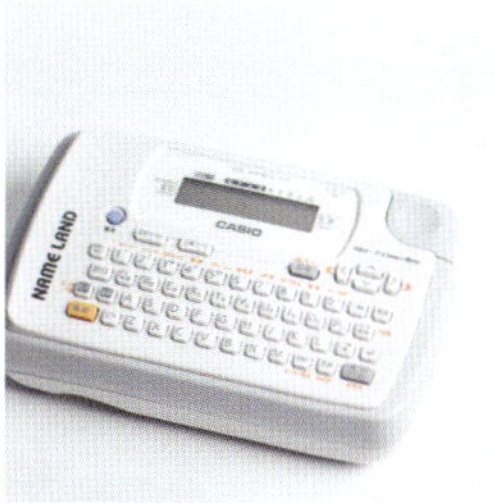

ハンガー（100円ショップ）

針金やステンレス製のハンガーに比べて、肩の部分に厚みがあり、しっかりしているので、型崩れしにくい点が気に入っています。

バスケット（3コインズ）

A4判が入るので、いろいろ使いまわせます。軽量であることと、インテリアとの馴染みがいいこともお気に入りポイントです。

ラベル（Rochelle）

通販で見つけて、おしゃれなデザインが気に入りました。1枚売りなので、欲しいラベルを欲しい枚数分だけ買うことができます。

ブリキのプランター（モモ ナチュラル）

綿棒を入れる容器を探していたときに、これを見つけました。洗面台で使うので、「軽くて割れない」を考えて購入しました。

ゴミ箱（クードスクエア プッシュペール）

背が高いので、腰をかがめずに捨てることができます。シンプルな形と色、ムダのない構造も気に入っています。

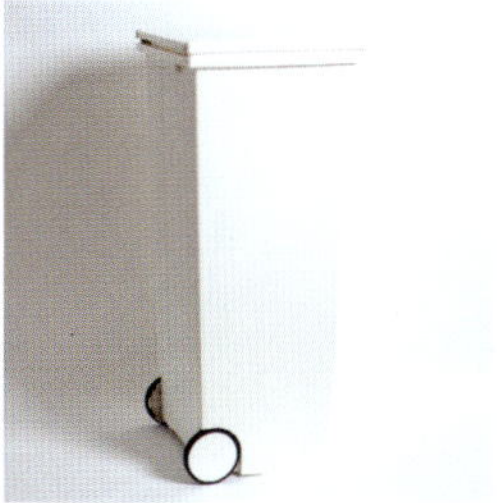

ボックス（サンカ squ＋インボックス）

高さや幅が半分のサイズ違いがあり、スタッキングが可能。Lサイズはカラーボックスにもぴったり。軽くて丈夫、見た目もスッキリ。

掃除・洗濯をラクにする私の愛用グッズ

根本さん■ 加藤さん■ 鷹野さん■ 私■

バイバイバクテリア（ヤマシタキカク）■
薬剤を使用せず、酸性電解水で除菌と消臭ができるスグレもの。スプレーボトルがおしゃれなので、出しっぱなしでも問題なし。

激落ちくん（レック）■
なかなか落ちない水アカには激落ちくんが大活躍。壁紙の汚れを見つけたときも、激落ちくんで解決。掃除をラクにする強い味方です。

落ちワタふきん（無印良品）■
キッチンだけではなく、家じゅうの拭き掃除に使いまわせます。吸水性抜群で、乾きが早い。12枚組でコストパフォーマンスもよし。

掃除用品システム・ブラシ（無印良品）■
小さいわりに、しっかりと汚れを落としてくれるブラシ。子どもでも使いやすい大きさ。吊るせるので、水切りがよく衛生的です。

掃除機（ミーレ・ジャパン）■
スイッチが足で踏むタイプなのでとてもラク。360度車輪がまわるから、家じゅうどこでもスイスイ行けます。ドイツ製で吸引力も抜群。

ブラインド用ブラシ（REDECKER）■
ブラインドのハネの部分を水平にして、このブラシを差し込んで横にスーッと移動させるだけでホコリが取れます。デザインも○。

ミニほうき（無印良品）■
小さなほうきとちりとりがセットになっているので使いやすい。ミニサイズなので、どこに置いても邪魔になりません。

ウタマロ石けん■
衣類の泥汚れもこの石けんで部分洗いすればとてもきれいに。公園遊びをする子どもがいるわが家には、なくてはならないモノです。

羊毛はたき (Mi Woollies 社)

羊毛フェルト作家をしていることもあり、とにかく羊の毛が好きです。使った後、きちんとホコリを落としておけば長持ちします。

超電水 クリーンシュシュ

キッチンの油汚れから床拭きまで丸ごときれいにしてくれます。アルカリイオン水なので、食品を扱うキッチンでも安心です。

ノータッチ泡ハンドソープ (薬用せっけんミューズ)

ノズルの下に手をかざすとセンサーが反応して、1回分が出るので、子どもの出し過ぎを防止できます。泡で出るのも気に入っています。

霧吹き (D & DEPARTMENT)

この洗練された形が大好きです。本来は製パン用の霧吹きなのですが、コンロまわりの拭き掃除や、アイロンがけのときに使っています。

キッチン油拭きティシュ (積水ポリマテック)

1枚でしっかり汚れを落とせて、80枚入りでコスパも優秀です。フタがしっかり閉まるので、最後の1枚まで乾燥しません。

オキシクリーン

頑固な汚れのつけ置き洗いに使用。塩素系ではなく、酵素の力で汚れを落とすので色柄モノにも使えます。掃除用洗剤としても使用OK。

柄つきのたわし (Jokogumo 神楽坂よこぐも)

靴洗い用のたわしです。プラスチック製のブラシも洗いやすいのですが、天然素材の道具にひかれます。

クイックルワイパー 立体吸着ドライシート

コンロまわりや床などに使い捨てぞうきんとして使用しています。濡らしても破れないので、超電水をシュッとふりかけて拭き掃除もOK。

紙コップ

子どもが3人いるので、1つのコップを使いまわすよりも使い捨ての方が、カゼなどがうつることがなく衛生的。来客時にも便利です。

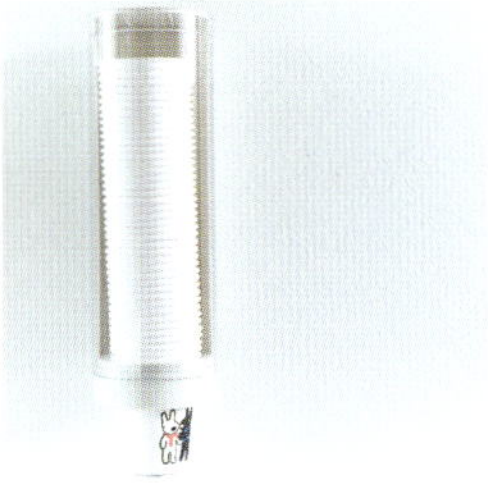

家事を
ラクにする
さまざまな
収納。

今回、この本の制作に入る前に、ブログで「整理収納について知りたいことはありますか？」という質問をさせていただきました。たくさんのお返事の中で、特に多かったのが家事に関わること。お返事から伝わってきたのは、主婦はみんな忙しいこと、そして、その忙しい中で家事や育児をこなす工夫を必要としていること。私自身も、以前はいっぱい、いっぱいになりながらの毎日でしたが、整理収納を味方につけることで、毎日がグンとラクになりました。「ひとりでも多くの方に、整理収納を通して家事がラクになることを体験して欲しい」という想いで、この本を書かせていただきました。毎日の家事が何か1つでもラクになり、皆さんが笑顔になってくれたら、ホッとひと息つける時間を持っていただけたら、こんなに嬉しいことはありません。

最後に、お宅訪問にご協力いただいた根本さん、加藤さん、鷹野さん、この本の出版の機会をくださったエクスナレッジの別府さん、私の執筆活動を全面的にサポートしてくださった編集の村越さん、私の想いを素敵な写真で表現してくださったカメラマンの林さん、今までとは違った個性を引き出すデザインにしてくださった三木さん、そして、いつも応援してくださる皆さんに心から感謝致します。

一番近くでサポートしてくれる家族と、いつも背中を押してくれる大切な人にも心からの愛とありがとうを。

暮らしを
楽しむ
それぞれの
工夫。

子どもがいても、働いていても、ズボラでもできる
忙しい人のための家事をラクにする収納

2016年10月6日　初版第1刷発行
2016年11月4日　初版第2刷発行

著者
梶ヶ谷陽子

発行者
澤井聖一

発行所
株式会社エクスナレッジ
〒106-0032 東京都港区六本木7-2-26

問い合わせ先
編集
tel 03-3403-6796
fax 03-3403-1345
info@xknowledge.co.jp
販売
tel 03-3403-1321
fax 03-3403-1829

梶ヶ谷陽子
Yoko Kajigaya

Bloom Your Smile代表。整理収納アドバイザーを含め暮らしに関わる資格を多く持つ。最近では防災士の資格を取得し、家族を守る整理収納に力を入れている。2015年7月、ハウスキーピング協会最高位資格の整理収納アカデミアマスターを取得。全国で19名のアカデミアマスターに。Ameba ブログ「整理収納レシピ。」が話題を呼び、2015年6月より公式トップブロガーとして活動。テレビ、書籍、講演、商品PRなどさまざまなメディアで活躍し、無印良品スタッフへの社内研修講師も担当。著書に『子どもがいてもできるシンプルな暮らし』（すばる舎）、『梶ヶ谷家の整理収納レシピ-子どもが散らかしてもすぐ片付く』（G.B.）、『無印良品の整理収納-家族みんなが使いやすくて片づけやすい』（マイナビ出版）がある。

Bloom Your Smile
http://bloomyoursmile.jp/

ブログ「整理収納レシピ。」
http://ameblo.jp/yoko-bys/